Zauber der Mythen

Herausgegeben von Theodor Seifert

Die Buchreihe „Zauber der Mythen" will mit der Darstellung einzelner Mythen durch verschiedene Autoren den Zugang zu einem in jedem Menschen vorhandenen Fundament von Lebenskraft und Lebensmöglichkeit vermitteln, ein Wiedererinnern ermöglichen.

Die einzelnen Bände zeigen, wie genau die alten Geschichten mit ihren Göttinnen und Göttern, Helden, Schicksalsverläufen und ewigen Gesetzen Lebensfragen darstellen und menschliche Probleme abbilden, die uns noch genauso vertraut sind wie unseren Vorfahren.

Die Geschichten sind faszinierend und ergreifend. Wir begegnen uns selbst in ihnen, schauen und erleben die Kraft und Weite unserer Seele, ihrer bislang nicht ausgeloteten Möglichkeiten. Wir spüren, was wir uns vorenthalten haben, wenn wir diese ewigen Themen unserer Existenz vernachlässigen. Ihnen zu begegnen ist dem Erleben vergleichbar, in dem sich die Bedeutung eines großen Traumes zum ersten Mal erschließt. Die Mythen spiegeln unser Leben und vermitteln die Gewißheit, daß es sinnvoll gelebt werden kann.

Ingrid Riedel

Demeters Suche

Mütter und Töchter

Kreuz Verlag

CIP-Kurztitelaufnahme der Deutschen Bibliothek

<u>Riedel, Ingrid</u>
Demeters Suche: Mütter u. Töchter /
Ingrid Riedel. – 1. Aufl. – Zürich: Kreuz-Verlag, 1986.
(Zauber der Mythen)
ISBN 3-268-00032-0

1. Auflage
© Kreuz Verlag AG Zürich 1986
Umschlaggestaltung: HF Ottmann
Umschlagfoto: Manfred P. Kage
ISBN 3 268 00032 0

Inhalt

Vorwort	7
Der Mythos von Demeter, Persephone und Hades	15
Zugänge zum Demeter-Mythos	33
Der Mythos als Spiegel von Mutter-Tochter-Beziehungen heute	71
Der Demeter-Mythos zwischen Matriarchat und Patriarchat	107
Demeter – Persephone – Heros: die matriarchale Gestalt des Mythos	125
Vollzogener Mythos: die eleusinischen Mysterien	145
Der Wachstumskreis des Kornes	161
Literatur	164
Zum Umschlagfoto	165

Vorwort

Es war in einem ihrer Tempel in Ostia Antica, der ehemaligen Hafenstadt von Rom, als ich sie zum ersten Mal „sah": Demeter, die Göttin des Getreides, auf römischem Boden Ceres genannt.

Die Sonne des frühen Sommers lag über den Grundmauern ihres alten Heiligtums, die noch standen, jetzt überwachsen von Grün. Ich saß auf einem der warmen Steine und hörte die Stille summen. Mohn gab es da, viel Mohn, auch einige der tiefblauen Kornblumen, die wir auf unseren Feldern kaum mehr finden, und wildwachsende Ähren, Weizen und Gerste, noch in dem hellen Grün des frühen Sommers.

Ein leiser Wind kam auf, und die Ähren, die Kornblumen und der Mohn, die auf dem Boden des Demetertempels wuchsen, bewegten sich unwillkürlich in Richtung des ehemaligen Altars, der jetzt leerstand. Ich saß da eine ganze Weile, der warme Wind trug den Duft des blühenden Landes ringsum mit sich, der sich an diesem geschützten Ort zwischen den alten Steinen sammelte, bis er ihn ganz erfüllte. Da rührte mich auf einmal etwas an, ein Hauch von dem, was die Gegenwart der Göttin einmal gewesen sein mochte, ein Ergriffensein von dem, daß unsere Erde fruchtbar ist, noch immer und immer wieder, aller Zerstörung zum Trotz. Die

Kraft, die das möglich und wirklich macht: das war sie, Demeter. Ich nahm ein paar von den Ähren, von dem Mohn und den Kornblumen und stellte den kleinen Strauß an die Stelle, an der einmal ihr Altar gewesen war.

Erst lange nach meiner Rückkehr aus Ostia Antica las ich in der „Griechischen Mythologie" von Robert von Ranke-Graves, daß nicht nur die Ähren, sondern auch der Mohn sowohl mit Demeter als auch mit Kore, ihrer Tochter Persephone, symbolisch in Verbindung gebracht wurden. Auf dem goldenen Ring aus dem Schatz der Akropolis zu Mykene reicht die sitzende Demeter einem Manne drei Mohnblüten. Mohnkörner wurden schon zu jener Zeit als Brotgewürz verwendet. Ovid berichtet, daß Persephone Mohnblumen gepflückt habe. Man fand in Gazi auf Kreta ein Bildnis der Göttin mit Mohnblüten im Kopfschmuck. „Es ist möglich", schreibt von Ranke-Graves, „daß Kore Mohnblumen wegen ihrer beruhigenden Wirkung und wegen ihrer scharlachroten Farbe, die Auferstehung nach dem Tode verspricht, trug."

Wie können wir nun den angemessenen Zugang finden zu einem dieser Mythen, die aus so früher Zeit zu uns herüberklingen?

Ich bin nicht mit den Göttern und den Göttinnen der Antike aufgewachsen, wie es noch so manche von sich behaupten können, die durch die humanistische Bildung des Gymnasiums gingen. In der Schule der Nachkriegszeit fehlte der Hinweis auf sie fast gänzlich. Die griechischen Götter schienen mir sehr, sehr ferngerückt, und ich war mir nicht einmal über die Bedeutung der wichtigsten griechischen Gottheiten sicher. Als ich während meines Studiums zum ersten Mal das Buch von Walter F. Otto „Die Götter Griechenlands" in die Hand bekam, staunte ich über die Art, in der er sie als wirkende Mächte ernst nahm, und sagte zu einer Studienkollegin, die Altphilologie studierte, nicht ohne Ironie: „Ich habe den Eindruck, er rechnet tatsächlich mit ihnen." Sie nickte nur. Als ich später bei relativ hohem Seegang, im Meer schwimmend, bei einigen besonders hohen Brechern aus reinem Übermut den Poseidon anrief, schaute sie mich betroffen an, und ich begriff mit einem Mal, daß es um nichts Geringeres als um die reale Macht des Meeres ging, wenn der Name Poseidon angerufen wurde. Und damit war nicht zu spaßen. So begann ich selber allmählich die alten Götter ernster zu nehmen.

Durch mein Studium der Theologie wurden mir solche Erfahrungen dann allerdings wieder suspekt gemacht, als ginge es bei den griechischen Göttern um eine längst überwundene Stufe der Religion, der kein aktueller Lebenswert mehr zukäme.

Einen völlig neuen Zugang zu der Welt des Mythos, der Göttinnen und Götter fand ich erst über der Beschäftigung mit C. G. Jung und dem mit ihm befreundeten ungarischen Mythenforscher Karl Kerényi, von denen Mythen als die Geschichten von Göttinnen und Göttern zugleich als symbolische Geschichten über die Erfahrungen unserer Seele verstanden wurden, die weit über das Schicksal einzelner hinausreichen und sich immer neu aktualisieren. Der wichtigste Zugang zu einem Mythos scheint mir noch immer die Betroffenheit zu sein, die sich einstellt, wenn eine dieser alten Göttergeschichten sich mit den Situationen und Konstellationen unseres eigenen Lebens trifft.

Den Schmerz der Mutter Demeter um ihre Tochter Persephone, die ihr von Hades entrissen und in die Unterwelt entführt wurde, begriff ich zum ersten Mal, als ich eine Freundin für Monate an eine Depression verloren hatte und nicht wußte, ob diese sie je wieder freigeben würde. Einen verwandten Schmerz erlebte ich bei einer mir gut bekannten Frau, als deren 19jährige Tochter mit einem ihr wenig bekannten Mann in die Welt hinausfuhr, ohne ihr Hoffnung auf eine Rückkehr zu machen.

Das emotionale und existentielle Angesprochensein von einem Mythos ersetzt jedoch noch nicht die sachliche Information über den religions- und mythologiegeschichtlichen Hintergrund, auch wenn wir uns bei der Suche nach solchen Informationen auf ein Gebiet begeben, auf dem sich auch die Fachwissenschaftler wegen der komplizierten Quellenlage häufig in ihren Ergebnissen widersprechen.

Es bleibt einem als Interpretin, die nicht aus der Fachwissenschaft kommt, oft nichts anderes übrig, als sich schließlich, wenn auch mit guten Gründen, für eine bestimmte Version des Mythos und die ihm entsprechende Deutungsmöglichkeit zu entscheiden. So habe ich mich bei der Wahl des Textes, den ich hier zugrunde lege, zu Karl Kerényis Nachgestaltung des homerischen Hymnus „An Demeter" entschlossen.

Gerade wenn man sich wie ich als Psychotherapeutin an die Deutung eines Mythos wagt, ist zugleich zu bedenken, was Robert von Ranke-Graves in der Einleitung zu seiner Griechischen Mythologie schreibt: „Eine echte Wissenschaft des Mythos sollte mit dem Studium von Archäologie, Geschichte und Religionswissenschaft beginnen und nicht im

Behandlungszimmer des Psychotherapeuten." Dennoch: Im Behandlungszimmer des Psychotherapeuten werden Lebensgeschichten von heute vorgetragen, in denen sich zumindest die entscheidenden Passagen des Mythos in eindrucksvoller Weise widerspiegeln: Da erfahre ich von Mutter-Tochter-Bindungen, in denen der Einbruch eines männlichen Wesens als ebenso gewaltsam und zerstörerisch empfunden wird wie im Mythos der Einbruch des Hades in die Beziehung zwischen Demeter und Kore. Ich erlebe andererseits den gefährlich-faszinierenden Sog mit, den für viele Menschen der Hades ausübt, zum Beispiel wenn sie einen geliebten Menschen an den Tod verloren haben. Dies sind natürlich nicht Situationen, die nur und vor allem in der psychotherapeutischen Praxis vorkämen und sonst nirgends; es sind vielmehr Situationen, die sich in jedem Leben konstellieren können. So möchte ich die Beispiele, die ich aus der psychotherapeutischen Praxis anführe, nur in dem Sinn verstanden wissen, daß ich hier die Exempel gelebten Lebens mit seinen Verwicklungen, die den exemplarischen Situationen des Mythos gleichen, immer wieder auffinde und reflektiere. Den Anregungen C. G. Jungs folgend, suche ich die Wirkung archetypischer Prozesse, wie sie sich im Mythos darstellen, auch in der Psyche heutiger Menschen wiederzufinden und interpretierend nachzuvollziehen. Menschliches Leben und Erleben erweist sich dabei als vom Mythos geprägt, wobei den unterschiedlichen Lebensschicksalen auch verschiedene archetypische Konstellationen entsprechen. So können wir – gemäß unserer Lebenskonstellation – auch jeweils unter der Wirkung eines bestimmten Mythos stehen und können damit – wie die Antike es ausdrückte – zum Gefolge einer bestimmten Gottheit, zum Beispiel Demeters, gehören.

Eine tiefenpsychologische Deutung des Mythos kann dabei auch so verfahren, daß sie die Göttergestalten zugleich als immer wieder vorkommende Komponenten der menschlichen Seele versteht und aufzeigt. Zugleich versucht sie, von der Hauptgestalt eines Mythos ausgehend – unser Mythos ist von Demeter her erzählt –, die weiteren im Mythos erscheinenden Gestalten, zum Beispiel Persephone, als innerpsychische Anteile der Demeter selbst zu interpretieren. Wir nennen dies die Deutung auf der Subjektstufe, wie wir sie zum Beispiel in der Traumdeutung anwenden: Alle Figuren, die in einem Traum vorkommen, können dabei als Anteile des Träumers verstanden werden. In diesem Sinne verstanden, wäre sogar Hades ein Anteil, eine Phantasie in der Seele der Demeter. Die Bedeutung des Mythos für die Psyche des einzelnen läßt sich auf diesem Wege erhellen. Das erste Kapitel, in dem ich den psychologischen Zugang zum Demeter-Mythos suche, ist in diesem Sinne zu verstehen.

Dabei wäre es schade, wenn darüber die Interpretation auf der Objektstufe zu kurz käme. Enthält doch unser Mythos historische und mythologiegeschichtliche Aussagen von großer Tragweite. Daß Hades die Persephone raubt, bedeutet mythologiegeschichtlich auch, daß ein Vertreter der jüngeren patriarchalen Zeusreligion in die uralte matriarchale Mutter-Tochter-Dyade der beiden Göttinnen einbricht. Unter diesem Gesichtspunkt stellt der Demeter-Mythos auch eine Herausforderung an die aktuelle feministische Mythenforschung dar, wie sie zum Beispiel von Heide Göttner-Abendroth betrieben wird. Auch mit dieser Perspektive möchte ich mich in einem Kapitel dieser Studie auseinandersetzen.

Zuletzt möchte ich auf den vollzogenen Mythos eingehen, wie er sich in den eleusinischen Mysterien darstellt, die um den Demeter-Mythos herum entstanden sind. Schon von Ranke-Graves verstand den Mythos als „erzählerische Kurzschrift kultischer Spiele". Diese Perspektive scheint mir besonders aktuell, da sie sich in unserer Zeit neu belebt.

Der Mythos von Demeter, Persephone und Hades

Gelebter Mythos:
Beispiele zur Einstimmung

Drei eindrucksvolle Gestalten spielen die Hauptrollen im Demeter-Persephone-Mythos: Demeter, die Mutter, die Korn- und Lebensspenderin, deren ein und alles ihre Tochter, die junge Persephone, ist (in manchen Fassungen des Mythos auch einfach Kore, das Mädchen, genannt). Persephone aber wird ihr geraubt von Hades, dem dunklen Gott der Unterwelt, der sie zur Frau begehrt. Persephone selbst ist untröstlich, von ihrer Mutter getrennt zu sein, verweigert sich Hades, bis er sie zur Mutter zurückkehren läßt. Am ergreifendsten schildert der Mythos den Schmerz, den Zorn, die leidenschaftliche Verzweiflung der Mutter Demeter, die nicht ruht, ehe sie die Rückkehr ihrer Tochter erreicht hat. Der Mythos endet in einem Kompromiß: Zwei Drittel des Jahres darf Persephone bei ihrer Mutter bleiben; ein Drittel aber gehört sie zu Hades, dem Mann, von dem sie den Granatapfel, die Liebesfrucht, wenn auch halb unbewußt, angenommen hat, als er ihr die Rückkehr zur Mutter freistellte. Ehe wir uns dem Mythos direkt zuwenden, möchte ich am Beispiel von Lebensgeschichten aus der Gegenwart zeigen, wie aktuell der alte Mythos in unsere gegenwärtige Lebenserfahrung hineinwirkt, wie sich auch heutiges Erleben in ihm spiegelt und in ihm besser verständlich wird.

Am Beispiel einer mir gut bekannten Frau möchte ich zunächst von der schmerzhaften Ablösung einer Mutter von ihrer Tochter berichten, als die Tochter das Elternhaus verläßt: Mutter und Tochter waren einander noch einmal sehr nahe gekommen, als die Tochter, damals 18 Jahre alt, nach einer verspätet erkannten Blinddarmentzündung wochenlang dem Tode nahe gewesen war. Das gemeinsame Durchstehen der Krankenhauszeit hat Mutter und Tochter noch einmal stark miteinander verbunden. Schließlich hatte die junge Frau den lebensbedrohlichen Zustand gut überstanden. Alle diese Ereignisse waren in die Zeit unmittelbar vor dem Abitur der Tochter gefallen. So war die Mutter darauf gefaßt, daß das Mädchen nach all dem die Prüfung vielleicht nicht riskieren, nicht bestehen würde. Die Tochter aber wagte das Abitur und schloß mit einem guten Ergebnis ab. Natürlich war die Mutter nun sehr stolz auf sie und hegte besondere Hoffnungen im Blick auf ihre Zukunft. Auf dem Höhepunkt ihrer Erwartungen wurde sie nun von der Tochter mit deren Idee konfrontiert, plötzlich alles, was bisher ihr Leben ausgemacht hatte, aufzugeben und statt dessen mit einem jungen Mann, der sie während der Krankheit regelmäßig besucht hatte, in die Welt hinaus aufzubrechen, um ein Land zu finden, in dem es sich wirklich zu leben lohne. Als Fahrzeug und Unterkunft sollte während dieser Zeit ein umgebauter VW-Bus dienen. Als treue Begleiter und Wächter wollten sie auch noch zwei Hunde – die Mutter assoziierte Höllenhunde – mitnehmen, die den beiden gute Dienste leisten sollten. Sie waren entschlossen, in die Welt hinauszufahren, bis sie einen Ort und einen Job gefunden hätten, der ihren Vorstellungen von echtem und intensivem Leben entsprach. Von einer Ausbildung, von allem, was sich die Mutter erträumt hatte, war keine Rede mehr, keine Rede auch vorerst von einer möglichen Rückkehr. In den Augen der Mutter glich dieser Auszug ihrer Tochter fast einer Fahrt in den Untergang, in die Unterwelt; auch, daß dieser junge Mann mit ihrer Tochter auszog, erlebte sie eher wie einen Brautraub denn als einen freiwilligen Entschluß ihrer Tochter. Die Mutter war in diesen Monaten – es zog sich bis zu einem Jahr hin, bis die Tochter den Entschluß zu einer Rückkehr faßte – sehr in Unruhe, oft verzweifelt und glich in manchem der suchenden Demeter, die sich selbst und andere immer wieder fragte, was denn nur mit ihrer Tochter sei. Die Tochter kam schließlich zurück, spürbar gereift, hatte viel erfahren und inzwischen den jungen Mann geheiratet, mit dem gemeinsam sie ausgezogen war. Nach der Rückkehr begann sie, zur großen Überraschung ihrer Mutter, nun doch ein Studium, zu dem sie nach allem, was sie erlebt hatte, stark motiviert war. Übers Jahr hatte sich die Beziehung zwischen Mutter und Tochter wieder gefestigt: Die Mutter akzeptierte das neue und andere Leben ihrer Tochter. Die Tochter war Partnerin der Mutter geworden, gerade weil sie nun nach eigenen Vorstellungen lebte. Unvergeßlich bleibt der Mutter aber die Zeit, in der sie innerlich aufgewühlt, in Angst und Unruhe um ihre Tochter, das Gefühl nicht losgeworden war, es sei alles verloren, was sie ihrer Tochter zugewandt hatte, und alle Hoffnungen auf deren Zukunft seien in den Hades abgefahren.

Es ist nicht so selten, daß die Ablösung einer Tochter von ihrer Mutter in dieser dramatischen

Form erfolgt, und ich möchte vorausschicken, daß die Ablösung gerade dann oft in dramatischer Form geschieht, wenn die Bindung sehr eng und liebevoll gewesen war und wenn die Mutter selber eine Frau ist, die man als Tochter nicht leicht verläßt.

Aus der Perspektive der Tochter, Persephones, spiegelt sich der Mythos wieder von einer anderen Seite. Eine junge Frau berichtet mir ihre Geschichte als Tochter so: Nach dem sehr frühen Tod ihres Vaters mit der Mutter allein aufgewachsen, deren »ein und alles« sie war, erlebte sie bei jedem Auftauchen eines jungen Mannes die Mutter als abweisend, als entwertend. Die jungen Männer seien ihrer nicht wert. Sie will die Mutter nicht enttäuschen. Starke Phantasien und Sehnsüchte ersetzen infolgedessen bei ihr lange die reale Begegnung mit einem Mann. So schwärmt sie aus der Ferne für den jungen dunkelhaarigen Nachbarssohn, der irgendwie ihrem Vater gleicht, doch spricht sie ihn niemals an. Als schließlich doch – sie ist schon Mitte Zwanzig – mit einem Jazzmusiker, einem Südländer, den sie als unwiderstehlich erlebt, eine tiefergehende Beziehung zustande kommt, in der auch die Sexualität aufwacht, da erfährt es die Mutter wie einen Einbruch; sie erlebt das Ausziehen ihrer Tochter aus der bisher gemeinsamen Wohnung, deren Zusammenziehen mit dem für sie fremdartigen Mann wie ein Beraubtwerden. In dieser Zeit wird sie depressiv und krank vor Kummer um ihre Tochter, verschiedene psychosomatische Leiden stellen sich ein.

Die Tochter wird indessen nach der anfänglichen Verliebtheit ihrer Beziehung nicht mehr recht froh, weil sie die Mutter so sehr daran leiden sieht. Auch vermißt sie das Umsorgtsein und die selbstverständliche emotionale Geborgenheit, die sie bei der Mutter hatte. Auch geistige Anregungen, die sie bei der sehr aufgeschlossenen Mutter gehabt hatte, findet sie bei ihrem Mann nicht im gleichen Maß. So nimmt sie die Krankheit ihrer Mutter zum Anlaß, um eine Zeitlang zur Pflege wieder in deren Haus zu leben. Sie zögert die Rückkehr zu ihrem Mann immer länger hinaus. Zugleich spürt sie, daß sie auf die sexuelle Beziehung zu ihrem Mann nicht mehr verzichten kann. Beide Partner suchen eine Paartherapie auf und können ihre Mutterbindung so weit durcharbeiten, daß es nun zu einer intensiven und tragfähigen Beziehung zwischen ihnen beiden kommt. Die Frau wird dennoch immer wieder zu ihrer Mutter zurückgezogen und verbringt jedes Jahr lange Ferien mit ihr. Die Mutter fehlt ihr einfach, kann vom Mann nicht endgültig ersetzt werden, ebensowenig aber der Mann durch die Mutter.

Auch die Perspektive des Hades, des Mannes, kommt in Erlebnissen von Männern in unserer Gegenwart immer wieder vor. Ein 40jähriger Mann sucht mich auf und bringt seine Verzweiflung zum Ausdruck: Seine Frau hatte ihn mit den drei gemeinsamen Kindern, von denen das jüngste noch ein Säugling ist, ohne irgendwelche Rücksprache mit ihm vor einigen Wochen verlassen. Sie ist in ihre Heimatstadt zu ihrer verwitweten Mutter zurückgekehrt und lebt dort seit Wochen mit den Kindern, ohne irgendwelche Anstalten zu einer Rückkehr zu machen. Auch verweigert sie jede genauere Auskunft über die Gründe ihres Weggehens. Sie gibt ihm zu verstehen, er müsse das selbst wissen. Beim Nachdenken über die Beziehungsgeschichte dieses Paares zeigt sich bald, daß es dem Mann nie gelun-

gen war, seinen Platz an der Seite seiner Frau zu
finden. Die intensive Mutter-Tochter-Beziehung, in
der seine Frau noch zur Zeit ihrer Eheschließung
gestanden hatte, schloß ihn aus. Seit Beginn seiner
Beziehung zu ihr wurde er das Gefühl nie los, in
diese Mutter-Tochter-Dyade eingebrochen zu sein
und die Tochter gleichsam aus dieser Verbundenheit heraus geraubt zu haben. Von Anfang an ten-
dierte die Frau dazu, alle wichtigen Feste in der
Familie, wie Geburtstage, Ostern, Weihnachten, ins
Haus ihrer Mutter zurückzuverlegen. Als ihr Mann
nach Jahren zu protestieren begann, wurde er von
seiner Schwiegermutter und seiner Frau immer
mehr in die subalterne Rolle eines Prinzgemahls
verwiesen. Die Schwiegermutter hatte ihn nie recht
zu akzeptieren vermocht, sie trat schließlich immer
mehr in eifersüchtige Konkurrenz zu ihm. Ratlos
und resigniert kommt ihm der Vergleich, es komme
ihm vor wie in matriarchalen Zeiten; seine Frau
fühle sich bei ihm immer wie im Exil, so schön er ihr
auch alles zu machen versuche und obgleich er ihr
auch materiell vieles zu bieten vermöge. Es ziehe sie
zurück zu ihrer Mutter wie Persephone zu Demeter.
In den letzten Jahren habe sie mehr als die Hälfte
der Zeit bei ihrer Mutter verbracht. Dieser Mann
stellte sich nun auch selbstkritisch der Frage,
warum er denn nicht attraktiv, nicht stark genug
gewesen war, um seine Frau, seine Persephone,
wirklich an sich zu binden und von der Mutter
loszulösen. Es zeigte sich dabei, daß auch er die
Bindung an seine eher negativ erlebte Mutter nie
ganz hatte ablösen können und daß deshalb sein
Gefühl zu seiner Frau nicht von letzter Tiefe und
Intensität gewesen war.

Der Text des Mythos
*Nach dem homerischen Hymnos „An Demeter"
erzählt von Karl Kerényi*

Ich möchte nun den Mythos selbst zu Wort kommen lassen in der Fassung, die Karl Kerényi ihm in seinem Buch „Die Mythologie der Griechen" gegeben hat. Es ist dies eine Nachgestaltung der homerischen Fassung des Mythos, einer späten Fassung also. Kerényi hat sich bemüht, die poetische, blumenreiche und rhythmische Form, die der Verfasser des homerischen Hymnus „An Demeter" – nach heutiger Sicht nicht Homer selbst – dem Mythos gegeben hat, in ein angemessenes Deutsch zu übertragen. (Ich habe Kerényis Fassung hier leicht gekürzt, einige Nebenzüge weggelassen, um die verwickelte Geschichte etwas durchsichtiger zu machen. Der Originaltext des Hymnus „An Demeter" findet sich griechisch und in deutscher Übersetzung in der von A. Weiher herausgegebenen Ausgabe „Homerische Hymnen", München und Zürich, 5. Auflage 1986.)

Hades raubte die Tochter der Demeter. Zeus hatte sie ihm gegeben, ohne daß die Mutter davon wußte.
Das Mädchen spielte mit den Töchtern des Okeanos und pflückte Blumen: Rosen und Krokus, Veilchen, Iris und Hyazinthen auf der üppigen Wiese. Fast hätte es auch die Narzisse gepflückt, die die Göttin Gaia aus List, um das Mädchen mit dem Knospengesicht zu verführen, dem Unterweltgott zuliebe, wachsen ließ, ein strahlendes Wunder. Es staunten alle, die die Blume erblickten: Götter und Menschen. Hundert Blüten sprossen aus der Wur-

zel, süßer Duft verbreitete sich, und es lachten der Himmel, die Erde und die salzige Flut des Meeres. Mit beiden Händen griff das erstaunte Mädchen nach jener einzigen Blume, wie nach einem Spielzeug und Schatz. Auf tat sich die Erde, ein Abgrund öffnete sich auf dem misäischen Gefilde. Hervor sprang der Herr der Unterwelt mit unsterblichen Rossen: der Sohn des Kronos, der Gott mit vielen Namen. Er hob das widerstrebende Mädchen auf den goldenen Wagen und entführte die Wehklagende. Mit schrillem Ton rief sie den Vater, den Sohn des Kronos, den höchsten Herrscher. Weder Gott noch Mensch hörte die Stimme. Kein Ölbaum regte sich. Nur die Tochter des Persaios, die Göttin mit dem glänzenden Kopfschmuck, Hekate, vernahm den Schrei aus ihrer Höhle, und Helios hörte ihn, der Sohn des Hyperion.

Der Vater saß weit entfernt von den Göttern in seinem von vielen Menschen besuchten Tempel und nahm die Opfer entgegen. Seine Tochter wurde auf sein Anstiften hin vom Oheim entführt, dem viele Gäste empfangenden Sohn des Kronos, dem Gott mit vielen Namen.

Solange sie noch die Erde, den gestirnten Himmel, das Meer und die Sonne sah, hoffte die Göttin, ihre Mutter wieder zu sehen und die ewigen Götter. So lange hegte sie noch Hoffnung in ihrem Weh. Die Gipfel der Berge und die Tiefen des Meeres widerhallten vom Klang ihrer Stimme.

Die Herrin, ihre Mutter, vernahm sie. Scharfe Pein griff ihr ins Herz. Sie riß den Kopfschmuck vom Haar, dunkles Gewand ließ sie herabfallen von den Schultern und flog wie ein Vogel über Wasser und Erde auf der Suche nach ihrem Kind.

Niemand wollte ihr die Wahrheit sagen, weder Gott noch Mensch. Kein Vogel flog ihr als Wahrzeichen entgegen.

Neun Tage lang irrte die Herrin Demeter auf der Erde umher, zwei brennende Fackeln in den Händen. Weder Ambrosia noch Nektar berührte sie in ihrem Schmerz, noch benetzte sie ihren Leib mit Wasser. Erst am dritten Morgen begegnete ihr Hekate, eine Fackelträgerin auch sie, und brachte ihr Nachricht: „Herrin Demeter, die du die Reife bringst und reiche Geschenke spendest, wer raubte wohl Persephone und betrübte so tief dein Herz?" – „Die Stimme vernahm ich, doch sah ich nicht, wer es war, ich würde dir die Wahrheit sagen." Ohne ein Wort schwang sich mit ihr die Tochter der Rhea, die zwei brennenden Fackeln in den Händen, zu Helios, dem Späher der Götter und Menschen, empor. Sie blieben stehen vor seinen Rossen. Die große Göttin fragte nach der Tochter und dem Mädchenräuber. Der Sohn des Hyperion gab zur Antwort: „Tochter der Rhea, Herrin Demeter, du wirst es erfahren. Ehrfurcht habe ich vor dir und Mitleid für deinen Schmerz um das Mädchen mit den schönen Füßen. Kein anderer unter den Unsterblichen trägt die Schuld als Zeus, der es Hades, seinem Bruder, zur Gattin gab. Jener entführte das Mädchen mit seinem Gespann gewaltsam in das Reich der Finsternis, um das laute Weinen wenig bekümmert. Aber du, Göttin, laß das Wehklagen. Es ist unnötig, so unversöhnlich zu zürnen. Du hast ja keinen unwürdigen Schwiegersohn unter den Göttern in deinem Bruder Hades erhalten. Ist er doch geehrt mit einem Drittel der Welt seit der Aufteilung, und da, wo er haust, ist er

König." So sprach er und trieb sein Gespann an. Die Rosse folgten der Stimme und zogen schnell wie Vögel den Wagen.

Noch viel schrecklicher und hündischer befiel der Schmerz die Göttin. In ihrem Zorn gegen Zeus verließ sie die Versammlung der Götter und den Olympos, ging zu den Menschen und besuchte deren Stätte und Werk. Sie ließ ihre Gestalt lange verkümmern. Niemand erkannte sie, weder Mann noch Frau, ehe sie in den Palast des klugen Keleos kam, der damals König des von Opfern duftenden Eleusis war. Sie setzte sich an den Wegrand, in Herzenskummer versunken, am Jungfrauenbrunnen, aus dem die Städter das Wasser holten. Da saß sie im Schatten unter einem Ölbaum. Einer alten Frau sah sie ähnlich, die nicht mehr gebären und nicht mehr der Geschenke der Liebesgöttin teilhaftig werden kann. So sind die Ammen der Königskinder und die Verwalterinnen der Paläste.

Da erblickten sie die Töchter des Keleos, des Königs von Eleusis, als sie kamen, um Wasser zu holen in ehernen Eimern für das väterliche Haus. Zu viert waren sie, göttinnenähnlich, in der Blüte der Mädchenjahre. Sie erkannten die Göttin nicht, geschieht es doch nicht so leicht, daß Sterbliche eine Unsterbliche zu sehen bekommen, und sprachen sie an: „Wer bist du, Alte, und woher? Warum hast du deine Heimat verlassen und warum kommst du nicht in den Palast? In den schattigen Räumen würdest du zu Hause sein in deinem Alter, genauso wie es die Jüngeren sind, die dich gut aufnehmen würden, mit Wort und Tat." Die Göttin antwortete freundlich, nannte die Mädchen liebe Kinder, gab ihren eigenen Namen nur in verdrehter

Form an und erzählte eine erfundene Geschichte. Aus Kreta sei sie von Seeräubern hierher verschleppt, gegen ihren Willen. Sie bat um Hilfe und um Aufnahme in das Haus, dem die Mädchen entstammten. Vielleicht gäbe es dort sogar ein Kind, das sie als Amme betreuen könnte. Dem Herrn und der Herrin würde sie das Bett bereiten, die übrigen Frauen aus dem Haus die Handarbeiten lehren.

Jede würde sie auf den ersten Blick bei sich aufnehmen, solche Ähnlichkeit zeige sie mit den Göttinnen, sagten die Mädchen. Doch möge sie warten, bis sie, die vier Mädchen, ihre Mutter, Metaneira, befragt hätten, ob sie nicht die Fremde in ihr Haus einladen wolle, damit sie nicht in ein anderes Haus zu gehen brauche. Es gäbe ja einen lieben, spätgeborenen Sohn im Haus. Wer ihn pflegte und erzöge, bis er das Jugendalter erreicht, würde mit Recht beneidet sein von den übrigen Frauen. Denn reichen Lohn würde sie erhalten. So wurde die Göttin mit dem Versprechen eines großen Lohnes in das Haus der Keleos gerufen. Demeter folgte ihnen mit verhülltem Gesicht, in langem dunklen Gewand, das auf ihre Füße niederfloß. Sie betraten die Vorhalle des Königs. Da saß die Herrin Metaneira vor ihrem Gemach. Im Schoß hielt sie das Kind, den neuen Sproß des Hauses. Ehrfurcht, Staunen und Schrecken ergriffen die Königin. Sie wich von ihrem Sitz und forderte die Göttin auf, da Platz zu nehmen. Jene nahm es nicht an, sondern blieb stehen, schweigend, bis die kluge Dienerin Jambe ihr einen Schemel hinstellte und einen silberweißen Schafspelz darüber warf.

Da saß nun Demeter und ließ ihren Schleier vornüber fallen, über ihr Angesicht. Lange saß sie da lautlos, in tiefem Kummer, sagte kein Wort, machte kein Zeichen. Ohne zu lächeln, ohne Speise oder Trank zu berühren, saß sie an diesem Platz, ihrer Tochter nachtrauernd, bis die kluge Jambe mit Spott und Scherz die heilige Herrin dazu gebracht, daß sie zuerst nur zu lächeln, dann aber zu lachen anfing und ihre Seele wieder heiterer wurde. Jambe verstand sie auch später zu versöhnen, sooft die Göttin zürnte.

Metaneira reichte ihr einen Becher mit süßem Wein, doch Demeter wies ihn zurück, nicht sei es ihr erlaubt, den roten Wein zu trinken. Sie befahl hingegen, Gerste mit Wasser zu vermischen, mit zarter Minze zu würzen. Die Königin bereitete die Mischung und die Göttin nahm sie an, wie es seitdem die Eingeweihten tun um der heiligen Reinheit willen, die das Weintrinken verbietet.

Erst jetzt sprach Metaneira die begrüßenden Worte und hieß die Fremde willkommen. Sie glaubte an den Augen der Göttin den königlichen Rang selbst noch im Unglück zu erkennen, welches ebenso von den Göttern herkommt wie das Glück. Von nun an aber sollte jene es ebenso haben wie sie selber. Den spätgeborenen, nicht mehr erhofften Sohn vertraute sie ihr an. Wenn sie ihn pflegen und erziehen wollte, bis er das Jugendalter erreicht, würde sie mit Recht beneidet sein von den übrigen Frauen, so reichlich würde sie belohnt. Demeter übernahm die Pflege des Kindes und versprach der Mutter, keine schlechte Amme zu sein, sondern eine, die gegen alle bösen Einflüsse den Gegenzauber wüßte. An ihre duftende Brust nahm sie Demophoon, den Sohn des Keleos, mit ihren unsterblichen Händen. Es freute sich Metaneira. Demeter pflegte das Kind im Palast. Es wuchs wie ein Gott, ohne Speise, ohne zu trinken. Mit Ambrosia salbte es die Göttin, mit süßem Atem hauchte sie es an und hielt es im Schoß. Jede Nacht aber setzte sie das Kind der Kraft des Feuers aus, wie ein Holzscheit, aus dem eine Fackel gemacht wird, ohne daß die Eltern davon wußten. Denen war es ein Wunder, wie der Sohn gedieh. Er war schon wie einer der Götter. Demeter hätte ihn zu einem der nie Alternden, Unsterblichen gemacht, wenn Metaneira in ihrer Beschränktheit nicht eines Nachts von ihrem Gemach aus gespäht und gesehen hätte, was mit dem Kind geschah. Sie schrie auf, schlug vor Schreck mit beiden Händen auf die Schenkel und brach in lautes Wehklagen aus: „Mein Sohn, Demophoon, dich läßt die Fremde im großen Feuer vergehen, und mich stürzt sie in Trauer." So sprach sie wehklagend. Die Göttin vernahm die Worte. Der Zorn erfüllte sie gegen die Königin. Sie legte das Kind auf den Boden mit unsterblichen Händen, nachdem sie es zornig aus dem Feuer genommen hatte, und sprach zugleich zu Metaneira: „Unwissend seid ihr Menschen und unbedacht. Weder das künftige Gute seht ihr voraus noch das Böse. Aber du hast in deiner Beschränktheit unheilbaren Schaden erlitten. Ich schwöre den großen Eid der Götter auf das Wasser der Styx. Zu einem Unsterblichen, der ewig jung geblieben wäre, hätte ich deinen Sohn gemacht und unvergängliche Verehrung ihm verschafft. Jetzt gibt es keinen Weg mehr für ihn, um den Tod zu vermeiden. Unvergängliche Verehrung wird er erhalten, weil er auf meinem Schoß saß und in meinen Armen schlief. Immer wieder werden ihm zu Ehren die Söhne der Eleusinier in bestimmten Zeitabständen Kämpfe aufführen. Ich aber bin Demeter, die Herrin aller Verehrung, eine Gottheit von höchstem Nutzen, die die größte Freude den Unsterblichen und Sterblichen spendet. Ihr sollt mir, das ganze Volk, einen großen Tempel und einen Altar davor errichten, unterhalb der Stadtmauer und oberhalb des Brunnens mit dem schönen Tanzplatz auf dem vorspringenden Hügel. Die heiligen Gebräuche werde ich euch lehren, damit ihr in der Zukunft mir die Verehrung darbringt, die meine Seele versöhnt."

So sprach die Göttin und nahm ihre ursprüngliche Größe und wahre Gestalt an. Sie war keine alte Frau mehr, Schönheit umwehte sie, Sehnsucht erweckender Wohlgeruch breitete sich von ihrem duftenden Gewand aus. Weithin strahlte der Glanz ihres unsterblichen Leibes, golden fiel das Haar auf die Schultern, Licht erfüllte das Gemach wie ein blendender Blitz. Hinaus trat die Göttin aus dem Palast. Die Königin stürzte ohnmächtig hin.

Lange lag sie lautlos da und dachte nicht daran, das Kind vom Boden aufzuheben. Die Schwestern hörten sein Weinen und sprangen aus dem Bett. Die eine hob das Kind auf und nahm es auf den Schoß. Die andere zündete Feuer an. Dir dritte lief zur Mutter, half ihr auf und holte sie aus dem Zimmer. Alle bemühten sich um das Kind, wuschen das Zappelnde und umgaben es mit Liebe. Aber es ließ sich nicht trösten, denn nun hatte es weit schlechtere Ammen. Die ganze Nacht verging damit, daß sie zur Großen Göttin beteten, zitternd vor Furcht. Beim Morgengrauen erzählten sie alles dem weithin gewaltigen Keleos, wie es die Göttin befohlen.

Der König rief das Volk zusammen und forderte es auf, Demeter einen reichen Tempel zu errichten und einen Altar auf dem vorspringenden Hügel. Sie gehorchten sofort und taten, wie er befahl. Der Tempel erhob sich durch den göttlichen Willen. Als der Bau fertig war und sie die Frucht ihrer Mühe sahen, gingen sie heim.

Im Tempel saß Demeter, fern von den seligen Göttern, und trauerte ihrer Tochter nach. Ein schreckliches Jahr schickte sie auf die alles ernährende Erde; ein hündisches Jahr für die Menschen. Keinen Samen ließ die Erde sprießen, alles zwang Demeter, im Boden verborgen zu sein. Umsonst zogen die Ochsen den Pflug auf den Feldern, umsonst fiel die weiße Gerste in die Erde.

Sie hätte das ganze Menschengeschlecht vernichtet mit böser Hungersnot. Die Olympier hätten keine Verehrungen und keine Opfer mehr erhalten, hätte sich Zeus nicht eines Tages eines Besseren bedacht. Zuerst schickte er Iris, die liebliche Göttin mit den goldenen Flügeln, um Demeter zurückzurufen. Iris gehorchte und eilte nach Eleusis. Sie fand Demeter im Tempel, mit dunklem Gewand umhüllt, und beschwor sie umsonst. Die Göttin gab nicht nach. Alle seligen Götter schickte der Vater ihr zu. Sie kamen der Reihe nach, um Demeter zurückzurufen, und brachten ihr herrliche Geschenke. Aber keiner vermochte die Zürnende zur Änderung ihres Entschlusses zu bewegen. Nicht früher wollte sie den wohlriechenden Palast auf dem Olymp betreten, nicht früher sollte die Erde Frucht tragen, ehe sie die Tochter wiedergesehen.

Nachdem Zeus das vernommen hatte, schickte er

Hermes, den Gott mit dem goldenen Stab, in das Dunkel der Unterwelt, um Hades mit milden Worten zu überreden und Persephone aus der Finsternis zu den Göttern ans Licht emporzuführen, damit die Mutter sie wiedersähe und mit dem Zürnen aufhöre. Hermes gehorchte und sprang hinab vom olympischen Sitz in die unterirdischen Tiefen. Da fand er den Herrn des Palastes in seinem Hause, auf dem Lager hingelehnt saß er mit der schamhaften Gattin, die sich in großem Kummer nach der Mutter sehnte. Hermes blieb vor ihnen stehen und berichtete Hades, dem Herrn der Toten, dem Gott mit den dunklen Locken, die Ursache seines Kommens.

Da drückten die Augenbrauen des Hades ein Lächeln aus. Er gehorchte dem Zeus und sprach sofort zur Gattin: „Kehre du, Persephone, zu deiner Mutter zurück, zur Göttin mit dem dunklen Gewand. Geh du mit gnädigem Herzen. Sei nicht mehr so übermäßig traurig! Kein unwürdiger Gatte werde ich dir sein unter den Unsterblichen, bin ich doch der leibliche Bruder von Vater Zeus! Herrschen wirst du, wenn immer du hier bist, über alle Lebewesen und die größte Ehre genießen unter den Göttern!" So sprach er. Erfreut sprang Persephone auf, der Gatte aber gab ihr unbemerkt, von hinten her reichend, einen honigsüßen Granatapfelkern zu essen, damit sie nicht für immer bei Demeter bleibe. Er spannte die unsterblichen Rosse vor das goldene Gefährt, die Göttin bestieg den Wagen. Hermes trieb das Gespann, Zügel und Peitsche in der Hand, aus dem Palast. Gern flogen die Rosse und schnell bewältigten sie die große Entfernung, weder Meer noch Flüsse, weder Schluchten noch Klippen hinderten ihren Schwung. Sie durchflogen die Luft.

Hermes ließ sie dort halten, wo Demeter vor ihrem duftenden Tempel weilte. Auf sprang sie beim Anblick der Tochter wie eine Bacchantin im Gebirge. Persephone flog ihr, den Wagen verlassend, von der anderen Seite her entgegen. Während sie sich umarmten, fragte schon Demeter die Tochter, ob sie bei Hades auch nicht Nahrung zu sich genommen hätte. Wenn ja, so müsse sie ein Drittel des Jahres unter der Erde verbringen und nur die zwei anderen Drittel dürfe sie bei der Mutter und den übrigen Unsterblichen verweilen, mit dem Frühjahr zu ihnen wiederkehrend. Persephone erzählte, wie ihr der Gatte in dem Augenblick, als sie erfreut aufsprang, um zur Mutter zurückzukehren, einen Granatapfelkern unbemerkt in den Mund gegeben und sie gezwungen habe, ihn zu essen. Sie erzählte auch ihren Raub: Wie sie mit den Töchtern des Okeanos und mit Athene und Artemis spielte und Blumen pflückte, als Hades sie entraffte. So verbrachten sie den ganzen Tag, sich gegenseitig mit Liebe umgebend. Da kam auch Hekate mit glänzendem Kopfschmuck, und auch sie umfing voll Liebe die Tochter der heiligen Demeter.

Zeus schickte Rhea, seine Mutter, die Göttin im dunklen Gewand, als Botin zu den beiden, zu Demeter und Persephone, damit sie sie hole. Er versprach alle Ehrungen, die sie nur wünschten, und die zwei Drittel des Jahres, die die Tochter bei der Mutter und den übrigen Unsterblichen verbringen durfte.

Rhea sprang vom Olympos zum rharischen

Gefilde hinunter, das ehedem fruchtbar war, nun aber öde dalag, ohne einen grünen Halm, und die weiße Gerste in sich zurückhielt, nach dem Willen der Demeter, der Göttin mit den schönen Fußgelenken. Doch sollte es bald wieder, wie das Frühjahr sich entfaltete, mit Ähren schwer bedeckt sein. Dieses Feld betrat die Göttin zuerst, aus dem Himmel kommend. Gern sahen sie einander, Mutter und Tochter, Rhea und Demeter.

Die Mutter der Götter erzählte, was Zeus ihnen versprochen, und bat die Tochter, das lebenspendende Korn von neuem wachsen zu lassen. Demeter gehorchte und ließ die Frucht den starkschollgen Feldern entsprießen. Schwer bedeckte sich mit Halm und Blüte die breite Erde.

Die Göttin aber ging zu den Königen von Eleusis und zeigte ihnen die heiligen Handlungen und weihte sie alle in den Geheimkult ein, den weder preiszugeben noch zu hören noch auszusprechen erlaubt ist. Große Ehrfurcht vor den Göttern hindert die Stimme. Selig ist der Mensch auf Erden, der solches gesehen, der aber uneingeweiht bleibt und keinen Teil daran hat, der wird auch dereinst, wenn er gestorben ist, an dem gleichen Segen in der dunklen Finsternis da unten keinen Anteil haben.

Zugänge zum Demeter-Mythos
Versuch einer tiefenpsychologischen Deutung

Ein intensiver Duft durchströmt diesen Mythos: der Duft der Narzisse vor allem neben dem der übrigen Frühsommerblumen, Rosen und Krokus, Veilchen und Hyazinthen.

Als sie den Olymp verläßt, sucht Demeter das „von Opfern duftende Eleusis" auf, hebt den Demophoon an ihre „duftende Brust"; mit Ambrosia salbt ihn die Göttin, mit süßem Atem haucht sie ihn an. Als sie sich in ihrer wahren Größe und Gestalt offenbart, zeigt sie sich so: „Schönheit umwehte sie, sehnsuchterweckender Wohlgeruch breitete sich von ihrem duftenden Gewand aus." Sie thront auch als Zürnende in einem Tempel voller Wohlgeruch.

Als Demeter verzeiht, breitet sich das würzige Aroma des blühenden Kornes wieder über den rharischen Gefilden aus: „Schwer bedeckte sich mit Halm und Blüte die breite Erde."

Am schönsten ist aber doch die Narzisse selbst beschrieben: Hundert Blüten sprossen aus der Wurzel, süßer Duft verbreitet sich, und es lachen der Himmel, die Erde und die salzige Flut des Meeres, alle drei Regionen des antiken Kosmos.

Im krassen Gegensatz dazu beginnt der Mythos mit einem Raub, mit Gewalt: Hades raubt die Tochter der Demeter. Brautraub hatte es im Matriarchat nicht gegeben. Die Mutter hatte der Tochter den

Bräutigam zugeführt. Warum muß die Tochter der Demeter geraubt werden? Offenbar war es alles andere als wahrscheinlich, daß die Mutter die Tochter hergegeben hätte, gar an Hades, den Herrn der Unterwelt, den Herrn des Chthonischen. Und noch etwas deutet auf ein Komplott gegen Mutter Demeter hin: daß Zeus, der Vater der Götter, dem Hades hinter Demeters Rücken Persephone versprochen hatte. Die beiden männlichen Götter rechneten offenbar nicht damit, daß Demeter ihre Tochter freiwillig herausgeben oder daß gar Demeter selbst den Entschluß, Hades zu wählen, fassen könnte.

Alles deutet darauf hin, daß der Mythos am historischen Übergang vom Matriarchat zum Patriarchat entstanden sein muß.

In der individuellen Psychologie einer Frau, die von der Persephone-Konstellation geprägt ist, bedeutete das: Der Mythos trifft und betrifft sie in ihrer Übergangssituation zwischen der Bindung an die Mutter und der an den Mann, genauer: an Hades als den unbekannten Fremden, der ihr ihre eigene Tiefe, ihre eigene „Unterwelt" erschließt. Aus der individuellen Psychologie einer menschlichen Demeter-Mutter heraus sähe es so aus, daß sie als Mutter ihre Zukunftsperspektive in der Tochter hat, sie nicht hergeben möchte, vor allem nicht einem Mann von solch völlig anderer Art wie Hades. Eine Problematik dieser Art steht wie eine dunkle Ouvertüre vor dem ganzen Mythos.

Erstes Bild: Auf der Narzissenwiese

Und nun folgt das idyllische Bild. Das Mädchen spielt mit den Töchtern des Okeanos und pflückt Blumen. Sehr jung müssen wir uns dieses spielende Mädchen vorstellen, das noch in keine Frauenpflichten eingespannt ist, irgendwo zwischen dem 12. und dem 14. Lebensjahr; umgeben ist es von seinen Freundinnen, einer rein weiblichen Welt, wie sie der Zeit vor der Pubertät, um die Pubertät entspricht. Sie leben wie die sich öffnenden Blumen, und der Mythos bezeichnet Persephone als das Mädchen „mit dem Knospengesicht". Die Töchter des Okeanos gehören zur Welt des Ozeans, einer Welt des Wassers, der strömenden Gefühle, der unbewußten Tiefe nahe. Sie sind ihre Spielgefährtinnen. Okeanos ist es, der ständig heraufrauscht. Auf einer üppigen Frühlingswiese unweit des Meeres also müssen wir uns den Ort vorstellen, der der jungen Persephone damals am meisten entspricht, wo aber auch ihr Schicksal über sie hereinbricht. Das Rauschen der unbewußten Tiefe, der Duft der sie umgebenden Frühsommerblumen, das im Weiblichen verstärkende Umgebensein von Freundinnen: das ist die Atmosphäre, die zunächst durch das eben entdeckte Wunder der Narzisse noch verdichtet wird, dieses „strahlenden Wunders". Hundert Blumenblüten sprossen aus der Wurzel, und ein besonders süßer Duft entströmt ihr. Die Blume ist so schön, daß das Mädchen in seinem Staunen mit beiden Händen nach ihr greift. Diese unwiderstehliche Blume hat aber – so erläutert der Erzähler – Urmutter Gaia selbst wachsen lassen, damit das Mädchen in das ambivalente Liebesspiel, das Hades und Zeus im Sinn haben, hineinverführt werde. Die Urmutter steht hier auf der Seite des Hades. Ob das eine spätere Zutat patriarchaler Religion ist, die in all ihren gewaltsamen Taten ohne den Segen der Urmutter doch nicht auskommt?

Wenn wir aber zunächst bei Persephone bleiben wollen, aus deren Perspektive der Erzähler den Anfang des Mythos beschreibt, so können wir vermuten, daß irgend etwas Urweibliches im Grunde ihrer Seele, im Hintergrund ihrer Psyche, ihr diese Blume geschaffen und in den Weg gestellt hat, damit sie aus ihrem Mädchentum heraus- und in die Tiefe ihres Gefühls hineingerissen werde. Hinter der Narzisse steht der Mythos von Narziß, der – unwissend, was Liebe sein könnte – die Nymphe Echo, die um ihn wirbt, verschmäht. So wird er verdammt, sich in sein eigenes Spiegelbild zu verlieben. Als er in den Fluß blickt, zerfließt er in Sehnsucht nach seinem eigenen Bild. Um ihn von dieser Qual zu erlösen, wird er schließlich in eine Narzisse verwandelt. Unter der Blume des Narzissos, die sie mit beiden Händen umfängt – der Duft der altersgemäßen Selbstverliebtheit ist es, der zugleich auch von der Mutter wegführt –, bricht etwas Abgründiges auf: „Auf tat sich die Erde"; im Bilde gesprochen, tat sich in Wirklichkeit ihr Körper auf. War es eine Gefühlstiefe, die sich wie Tod anfühlt, ein Sterben für das Mädchen, das sie bisher gewesen war? Ein Abgrund öffnete sich auf dem zuvor so lieblichen misäischen Gefilde. Und aus ihm sprang der Herr der Unterwelt hervor, der Gott mit den dunklen Locken, Hades.

Zweites Bild: Die Hadesfahrt

Sein Gefährt wird von unsterblichen Rossen, schwarzen Rossen, wie die Überlieferung sagt, gezogen. Rosse, das sind dunkle Triebkräfte, die gleichwohl in der Hand der Menschen wie der Götter lenkbar sind. Der Gott mit den dunklen Locken, mit den schwarzen Pferden seiner Triebe also begehrt sie, raubt sie. Heißt das, daß sie stirbt wie Eurydike, die, ebenfalls auf einer Frühlingswiese spielend, von einer Schlange getötet wurde, so daß der untröstliche Orpheus ihr in den Hades folgt? Ist unser Mythos eine der Varianten des Themas „Der Tod und das Mädchen", das noch Schubert in seiner Musik so ergreifend gestaltet? Um physischen Tod jedoch scheint es nicht zu gehen – dazu ist das Begehren des Hades zu sinnenhaft und vital geschildert –, doch geht es um etwas Todesgleiches für das von ihm geraubte Mädchen. Wie Tod fühlt sich das an, was ihr geschieht – und es geschieht nicht freiwillig, sondern gewaltsam, sosehr auch die Zeichen ihrer Seele auf eine Begegnung mit dem Mann eingestellt gewesen sein mochten. Der sie entführt, ist der Sohn des Kronos, des Gottes der Zeit, der einem jeden seine Lebens- und Todeszeit schenkt und zuweist, und golden, kostbar ist trotz allem sein Wagen. Die schwarzen Rosse ziehen etwas, das golden schimmert, das von hohem Wert ist. Doch Persephone ist noch nicht bereit, dies alles widerfährt ihr gewaltsam. Sie ruft verzweifelt nach Zeus, dem Vater – ebenfalls Sohn des Kronos, Bruder des Hades, der ihre Zeit, das, was für sie recht ist, kennen müßte –, doch dieser sitzt von ihr abgewandt, voll ausgelastet mit seinen göttlichen Amtsgeschäften — wie so mancher Vater, wenn seiner Tochter Schicksalhaftes widerfährt —, und noch dazu eingeweiht in dieses Komplott, einverstanden, mitschuldig.

Nur zweie sind aufmerksam, sie bekommen das Geschehnis mit: Hekate, die dunkle Göttin, die wachsam in ihrer Höhle sitzt, und Helios, der helle, allgegenwärtige Sonnengott. Die entsprechenden Repräsentanten in ihrer eigenen Seele, Witterungsvermögen und Hellsicht, nehmen bei aller Panik wahr, was mit ihr geschieht.

Man kann sich so richtig vorstellen, wie das Echo ihres Schreies in der Höhle der Hekate widerhallte. Ist doch Griechenland reich an Höhlen, und das Echo trägt weit. Wenn Hekate in einer Höhle sitzt, sitzt sie zugleich im Raum des Urmütterlichen, dem sie zugeordnet ist, sitzt sie real und symbolisch an einem Zugang zu den Tiefen der Erde. Hekate war in matriarchalen, vorolympischen Zeiten die Göttin der Erdentiefe, der Unterwelt; sie sitzt noch immer an dem Tor und nimmt wahr, was im Grenzbereich zwischen Ober- und Unterwelt geschieht. Zwei brennende Fackeln sind ihre Zeichen. Auch Demeter, auch Persephone tragen diese Fackeln, die im eleusinischen Kult eine so große Rolle spielen werden; als Lichtbringerinnen, als Göttinnen, die Hellsicht und Einsicht vermitteln, sind sie dadurch ausgewiesen. Persephone, mit einem tiefen uralten Instinkt für das, was ihr gefährlich und tödlich werden kann, nimmt in Gestalt der Hekate wahr, daß hier etwas dergleichen geschieht. Doch erkennt sie nicht, wer dahintersteckt. In Solidarität mit der trauernden Demeter sucht jedoch Hekate Helios auf, die Sonne, um hier nach der geraubten Tochter zu fragen. Nur Helios, der Sonnengott, die göttliche Licht- und Durchdringungskraft der Sonne selbst, weiß, was geschehen ist. Er enthält es den beiden Göttinnen nicht vor, auch nicht, daß Vater Zeus selber dahintersteckt. Aber in männlicher Solidarität – wenn wir so wollen – weist er zum ersten Mal darauf hin, daß Persephone in Hades vielleicht doch keinen Unwürdigen zum Gatten bekommen habe. Wir werden dieses Argument des Helios noch zu prüfen haben. Vorerst aber steht es quer zu den leidenschaftlich empörten und schmerzlichen Gefühlen von Mutter und Tochter.

Folgen wir zunächst noch Persephone, die, solange sie noch den gestirnten Himmel, das Meer und die Erde sieht, sich die Hoffnung nicht nehmen läßt, die Mutter und all die lichten Götter des Olymp wiederzusehen. Sie hofft noch auf eine gute Wendung, ein Bewahrtwerden vor der Unterwelt. Doch es reißt sie unbarmherzig hinab in das dunkle Reich des Hades. Es reißt sie hinab in eine dunkle Tiefe, in eine wilde Traurigkeit, schließlich in das Gefühl des Vernichtet-, ja des Zunichtewerdens.

Was ist hier eigentlich geschehen, als sie nach dieser wundersamen Narzisse griff wie nach einem Spielzeug oder Schatz und als sich dann die Erde auftat? Es muß wohl ein tiefes Gefühl in ihr aufgebrochen sein, eine dunkle Phantasie – sie hat in der Selbstverliebtheit der Pubertät wohl ihren eigenen Körper erkundet, berührt, und die „Erde", ihr Körper, muß sich aufgetan haben. Da starb sie als Mädchen. Ein tiefes Gefühl, eine Todes- und Liebesphantasie mag in ihr aufgebrochen sein. Der Schlüssel zu ihr war jene Wunderblume, die sie mit beiden Händen umfaßte. (Auch ein Phallussymbol kann man in ihr sehen.) Sie weiß noch nicht, was sie da mit beiden Händen umfaßt. Ist es ihr doch noch wie ein Spielzeug; spielerisch, kindlich meint sie noch damit umgehen zu können – wie viele Mädchen mit ihren ersten Liebesgefühlen, ihren ersten sexuellen Regungen, auch wenn sie selbst spüren, daß sich in dem allem auch etwas Kostbares verbirgt. Und mit dem berauschenden Zauber und Duft, der von dieser Blume – dieser narzißtischen Verliebtheit in sich selbst als schönes Mädchen – ausging, bricht zugleich ein Todesschrecken, ein Abgrund von Gefühlen auf, in den sie versinkt, die sie zunächst verschlingen. Nicht glücklich, sondern abgründig unglücklich wird Persephone durch die erste Berührung mit diesem Bereich der dunklen Gefühlstiefe.

Wir können dieses Erlebnis mit der oft beobachteten Depression junger Mädchen vergleichen, die in der Zeit aufbricht, in der sie eine erste Vorahnung künftiger Liebeserfahrung überkommt und die Ahnung, dabei in ihrer mädchenhaften Integrität, Unberührtheit und Freiheit – vor allem auch in ihrer Bezogenheit auf die weibliche Welt Gleichaltriger – sterben zu müssen.

Ich muß auch an die erste tiefgehende Beziehungsgeschichte eines damals 18jährigen Mädchens denken, das, es war zu der Zeit noch Schülerin, aus einem intensiven seelisch-geistigen Kontakt mit Freundinnen kommend, von der Begegnung mit einem nachdenklich-sensiblen, zur Schwermut neigenden älteren Mann „überfallen" wurde; es war eine Beziehung von großer Gefühlstiefe, die der jungen Frau in dem Versuch, dem Partner in seine seelischen Abgründe hinein zu folgen, neben großen Frustrationen auch bereichernde seelische Erfahrungen brachte. Er war ein plutonischer Mann, auch im astrologischen Sinne, der wie Pluto – ein anderer Name für Hades – die Schätze der Tiefe kannte. Sie drangen miteinander in die Philosophie Schopenhauers ein; sie liebten die Gedichte Paul Celans; sie musizierten miteinander Stücke von Schubert und dem späten Mozart. Sie durchforschten miteinander die Schatzkammern überlieferter menschlicher Weisheit, um Sinn für ihrer beider Leben zu finden, den Sinn, an dem er zutiefst zweifelte. Sie entdeckte in der Liebe zu ihm die Stärke ihres eigenen Gefühls, ihre Fähigkeit zur Einfühlung. Schließlich kam er in einem suizidal wirkenden Verkehrsunfall ums Leben. In der Trauer um ihn gewann und behielt die junge Frau eine Beziehung zu Hades, die ihr Leben nicht nur belastete, sondern auch bereicherte. Sie gewann aus der geleisteten Trauerarbeit heraus eine Beziehung zum eigenen Unbewußten. Als die Essenz dieser Beziehung erwies sich eine gewonnene Bezogenheit auch zu den Abgründen der eigenen Psyche, zum Abschied, zum Tod, aber auch eine Beziehung zu ihrer vitalen Kraft, gegen den Tod zu stehen, zu ihrem Mut und ihrer Freude am Leben trotz des Todes, in denen sie sich so anders erlebte als ihr Freund.

So weit aber ist Persephone an dieser Stelle des Mythos noch nicht. Sie widersteht diesem Weggerissenwerden in das dunkle Reich aufs äußerste, versteht es nicht. Sie erschöpft sich in dem schrillen Schrei nach ihrer Mutter, nach ihrem Vater. Bemerkenswert ist es schon, wie ironisch Vater Zeus hier geschildert ist: Er, der Mitschuldige, tut, als sähe und höre er nichts, er überhört den verzweifelten Schrei des Mädchens. Er ist völlig beschäftigt mit dem Entgegennehmen der Huldigungen, die die Menschen ihm als dem Vertreter der neuen olympischen Götterwelt, einer patriarchalen Götterwelt, wie sich versteht, entgegenbringen. Persephone verbleibt in der Unterwelt und verharrt – wenn wir dem Mythos folgen – während der ganzen langen Zeit von Demeters Suche nach ihr in abweisender, in sich verschlossener Haltung dem Hades gegenüber. Die Situation bleibt unfruchtbar, steril. Ihre ganze Gefühlskraft strömt in das Heimweh nach der Mutter.

Sie kann Hades den gewaltsamen Einbruch in ihre Mädchenwelt nicht verzeihen; sie kann und will die verzehrende Sehnsucht nach der Mutter durch nichts anderes übertönen. Persephone zürnt und trauert. Sie ist die Vergewaltigte, nichts an ihr weist voraus auf die souveräne Königin des Totenreiches, als die sie später verehrt werden wird. Persephone gleicht in dieser Zeit all denen, die nicht bereit sind, der Unterwelt einen Platz in ihrem Leben einzuräumen; die Trauer und Depression, die sie auf den Grund ihrer Seele herabziehen könnten, nicht zulassen, sondern tapfer abblocken, Widerstand dagegen leisten. Sie lassen den Todesaspekt ihres Lebens nicht an sich heran. Diese Haltung hat ihre Würde und ihr Recht, vor allem entspricht sie dem jugendlichen Menschen, dem „göttlichen Mädchen", der Kore, die Persephone verkörpert.

Drittes Bild: Demeters Suche

Nun schwingt die Erzählperspektive des Mythos auf Demeter über, Demeter in ihrer leidenschaftlichen Trauer um das ungewisse Schicksal ihrer Tochter, in der sie von allen Müttern verstanden wird. Aus Demeters Perspektive ist Persephone zugleich ihre Erneuerungsmöglichkeit als Göttin, ihr eigenes Mädchentum, das ihr in die Unterwelt entrissen zu sein scheint. Der Mythos wird nicht müde, ihre Verzweiflung auszumalen, sie den menschlichen Müttern nahezubringen, sie als eine mater dolorosa der Antike erfahrbar zu machen.

„Scharfe Pein griff ihr ans Herz", so setzt der Erzähler ein. Sie reißt sich den festlichen Kopfschmuck vom Haar, wirft ein dunkles Gewand über – die Symbolik der Kleidung ist wichtig und Frauen zu allen Zeiten zugänglich – und fliegt sodann in höchster Eile wie ein Vogel über Land und Meer, auf der Suche nach ihrem Kind. „Kind" wird die fast erwachsene junge Frau aus der Sicht mütterlicher Sorge wieder genannt; ein typischer Vorgang, daß wir Erwachsenen junge Menschen in solchen Situationen, in denen wir uns um sie sorgen, wieder als schutzbedürftig wie Kinder erleben. Wie oft träumen Frauen von ihren erwachsenen Kindern in Situationen, in denen sie sich sehr um deren Weg ängstigen, so, als wären die Kinder wieder klein und brauchten allen mütterlichen Schutz. Es liegt also auch eine Gefahr für Persephone darin, daß Demeter sie wieder klein macht, nicht erwachsen werden läßt, indem sie sich so sehr um Persephone sorgt und aufregt.

Elementar und wild ist ihre Trauer: Neun Tage irrt

sie umher, vernachlässigt ihr Äußeres, nimmt weder Speise noch Trank zu sich, in allem einer trauernden Mutter gleichend während der Phase der chaotischen Emotionen, die alle Trauernden überkommt (vgl. Verena Kast in „Trauer"). Niemand will ihr die Wahrheit über den Verbleib ihrer Tochter sagen, als fürchteten alle ein Überborden ihres Zornes. Als sie von Helios schließlich die Wahrheit erfährt – nicht ohne Hinweis auf die neue Ordnung der Zeusreligion, auf die Dreiteilung der Welt, seit der ein Drittel des Erdkreises Hades gehört –, ergreift sie der Schmerz unbarmherzig: „Noch viel schrecklicher und hündischer befiel der Schmerz die Göttin." (Der Hund ist bei den Griechen ein negativ besetztes, verachtetes Tier.) So groß ist ihr Zorn, daß sie die Versammlung der Olympier verläßt, als verlasse die alte matriarchale Göttin im Protest über diese grundsätzliche Mißachtung und Auflösung matriarchaler Gebräuche, die das abgekartete Spiel des Brautraubs ihrer Tochter bedeutet, ihre ursprüngliche Aufgabe.

Es spiegelt sich hierin die Gefahr, daß matriarchale Gottheiten die neue patriarchale Ordnung von sich aus verlassen. Demeter geht statt dessen zu den Menschen, in deren Herzen sie, wie der Mythos zeigt, noch ihren Platz hat. Aber sie geht unerkannt. Sie bietet sich ihnen als Amme an, sucht ein neues Kind anzunehmen, damit das Mütterliche unter den Menschen trotz patriarchaler Ordnung nicht sterbe. Sie hat hier einen Zug, den das Neue Testament von Christus berichtet: Unerkannt geht sie als Mensch unter Menschen, um ihnen zu dienen und ihnen zu zeigen, was göttlich-menschliche Liebe ist. Doch geht sie im Gegensatz zu ihm, der Feste mit den

Menschen feiert, als Trauernde, die ihre Gestalt verkommen läßt. Persephone ist eben nicht nur ihre Tochter, sondern zugleich das Kind in ihr selbst, ihre Entwicklungsmöglichkeit als Mutter und als Göttin. Wenn dieses „Kind in ihr selbst" ihr genommen ist, bewirkt dieses Beraubtsein – wenn wir uns eine von Demeter bestimmte Frau vorstellen – emotional eine Depression.

Viertes Bild: Die Einkehr in Eleusis

Unter dem Schatten eines Ölbaumes, am Jungfrauenbrunnen, läßt sie sich nieder, aus dem die Städter das Wasser holen, am Zugang zur Tiefe – Frau Holles Brunnen ist Symbol für die Tiefendimension der weiblichen Welt –, wo es das Wasser, die lebendige Energie des Lebens, gibt. Auch dieser Brunnen hat seinen Namen von der Jungfräulichkeit, dem Mädchentum. Und hierher kommen die vier jugendlichen Töchter des sagenumwobenen Königs Keleos von Eleusis, eine Ganzheit von Mädchentum – „liebe Kinder", wie sie sie nennt – und ziehen die abseits Trauernde voll liebenswürdiger Gastfreundschaft wieder ins Leben hinein. Hier bietet sie auch ihre Ammendienste an und kommt so zu Demophoon, dem spätgeborenen Sohn des Hauses, der das weibliche Quartett noch um ein Fünftes, die Zahl des natürlichen Wachstums, erweitert. Die Göttin wird auch von den frommen Töchtern des Keleos nicht erkannt. Doch schimmert ihre Würde und Hoheit durch ihre Erscheinung und ihr Auftreten hindurch, so daß eine Ahnung ihrer Göttlichkeit wie ein geheimnisvoller Duft über der Szene liegt.

Eine schmerzbeladene Göttin, die in das Haus der Menschen einkehrt... Feierlich wird ihre Begrüßung in Keleos' Haus geschildert. Zuerst will Metaneira, von ihrer Erscheinung unerklärlich angerührt, mit ihr den königlichen Platz tauschen. Doch Demeter nimmt ihn nicht an. Dabei reicht ihr Jambe einen Schemel, über den sie einen silberweißen Schafspelz wirft. Hier sitzt nun Demeter, in Trauer versunken, eine lange, eindrucksvolle Weile. Kein Lächeln huscht über ihr Gesicht, Speise und Trank nimmt sie nicht an. So gibt sie sich als Trauernde zu erkennen. Und die Gastgeberinnen respektieren ihr Schweigen, ihr unbekanntes Schicksal, fragen nicht, dringen nicht in sie ein. Sie geben ein seltenes Beispiel echter respektvoller Einfühlung. Bis es schließlich Jambe – nach der das heiter-beschwingte Versmaß der Griechen benannt ist – gelingt, sie aufzuheitern. Varianten des Mythos berichten, Jambe habe dies vermocht, indem sie – sie muß hochschwanger gewesen sein – zwischen ihren Schenkeln das mit dem Kopf bereits aus ihrem Leib spitzende Kind zeigte, also ihre Hoffnung auf Neugeburt darstellte. Schließlich nimmt Demeter den besonderen Mischtrunk – aus Gerste, Wasser und Minze – an, der später bei den eleusinischen Mysterien gereicht wird.

Erst jetzt begrüßt die Königin die unerkannte Göttin im Haus: mit ehrerbietigen Worten, die davon zeugen, daß Metaneira den königlichen Rang ihres Gastes auch im Unglück erkennt, das, nach ihrem Glauben, ebenso von den Göttern herrührt wie das Glück. Als gottesfürchtige Frau im antiken Sinn erweist sich diese Königin. Die Szene ist so unalltäglich, daß man zögert, sie in der Psychologie einer menschlichen Mutter wiedererkennen zu wollen. Dennoch läßt sie sich auch umgekehrt verstehen: Trauernde Mütter, die ihr Kind bis ans Ende der Welt suchen gehen, haben ihrerseits etwas von der Würde der Demeter, dieser antiken mater dolorosa, an sich; sie vollziehen etwas Archetypisches in ihrem Leben nach, was die alten Göttergeschichten als ewiges Mutterschicksal begründet und damit auch geheiligt haben. Wenn eine katholische Mutter die Schmerzen Mariens im Beten des Rosenkranzes mitvollzieht, gewinnt sie einen seelischen Ort für ihre eigenen Schmerzen als Mutter und gewinnt zugleich Anteil am Geschick der Gottesmutter, darin Würde in ihrem Leid und religiösen Sinn.

Psychologisch zeigt sich in dieser ganzen Szene der Schmerz einer Mutter um ein verlorenes oder ein vermißtes Kind in seiner naturhaften Urgewalt, die alle Instinkte wachruft und die die einzelne Frau überkommt wie eine übermenschliche, eine göttliche Macht, hinter der archetypisch die trauernde Mutter Demeter steht.

So begegnete mir kürzlich bei einer Tagung eine Mutter, die ihre 19jährige Tochter verloren hatte. Die Tochter war nach einem psychotischen Schub in eine psychiatrische Klinik gekommen. Die Mutter weiß bis heute nicht genau, wie es zu dem Todesfall während des nächsten Anfalls kam, und sie erschien mir wie die trauernde Demeter, Himmel und Erde durchforschend, auch sich selbst, nach der wahren Ursache für diesen furchtbaren Verlust.

Eine andere Mutter, die ihr dreijähriges Töchterchen bei einer Blinddarmoperation verlor, begegnete mir fast zehn Jahre später, kam in meine Praxis und saß schweigsam und noch immer in ihr Leid versunken da, so daß ich gar nicht anders konnte und durfte, als diesem jahrzehntealten Schmerz erst einmal mit Schweigen und respektvoller Solidarität zu begegnen, ehe ich wagen konnte, sie durch die Bitte um Fotos von ihrem Kind erst einmal zum ausführlichen Erzählen zu bewegen, wobei sie spürbar auftaute.

Fünftes Bild:
Demophoon: das Kind im Feuer

Wie eine menschliche Mutter auch sehnt sich die göttliche Mutter Demeter nach einem „Ersatzkind" und gewinnt es als Amme in dem kleinen Demophoon. Es liegt immer eine Gefahr in solch einem Ersatzkind, auch unter menschlichen Bedingungen. Das Ersatzkind soll eben wirklich das verlorene Kind ersetzen, das heißt, es darf nicht es selbst sein in seiner Eigenart; es soll um der Eltern, der Mutter willen leben, nicht um seiner selbst willen. In gewisser Weise ergeht es selbst dem Demophoon so: Ihn will Demeter zum Unsterblichen schmieden, zu dem, der vor Hades gefeit ist, da sie doch selbst ihre leibliche Tochter vor Hades nicht hatte behüten können. Sie will dieses Kind der „abschiedlichen Existenz" (Verena Kast) der Sterblichen entnehmen, unter der sie – selbst als Unsterbliche – so sehr leidet, seit ihre Tochter, ihre Zukunft ihr genommen ist. So vollzieht sie die schrecklich-göttliche Läuterungsprozedur, in der sie das Kind jede Nacht wie ein Holzscheit, das zur Fackel gemacht werden soll, über das offene Feuer hält.

Mythologiegeschichtlich mag hier mitspielen, daß

die Früchte der Kornmutter Demeter, die Körner, das Korn, nur durch Gebackenwerden in der Glut des Ofens zu ihrer Vollendung kommen. Nur so werden sie zu Brot. Demophoon also würde zur Unsterblichkeit gebacken werden wie Korn. Auch das Symbol der Fackel, das Demeter bei ihrer nächtlichen Suchwanderung bei sich trägt, spielt hier mit: Es macht sie zur Lichtbringerin, und so möchte sie auch den ihr anvertrauten Demophoon im Feuer zur Fackel gestalten und so zum Lichtbringer läutern.

Demeter tut also mehr, als nur ein Ersatzkind zu suchen – wie auch die trauernden menschlichen Mütter gut daran täten, mehr zu suchen –; sie sucht sich eine neue Aufgabe: ein menschliches Kind zum Gott emporzuläutern.

Metaneira, die menschliche Mutter mit ihrem begrenzten Horizont, aber sieht mit Entsetzen, was hier mit ihrem Kind geschieht: Dies ist kein Vorgang nach Menschenmaß mehr, dies ist ein Vorgang nach Göttermaß. Nach Menschenmaß verstanden, müßte Demophoon im Feuer sterben. So denken wir oft angesichts der Prüfungen und Schicksale, in die die Götter unsere Menschenkinder verwickeln. Das Problem ist hier bei Metaneira, wie in solch einem Falle auch bei uns, daß wir gar nicht wahrnehmen, daß eine Göttin hier ihre Hand im Spiele hat (in unserer Sprache hieße das: eine überpersönliche seelische Macht, eine archetypische Konstellation). Eine Göttin, die dieser menschlichen Mutter gerade ersparen möchte, was sie selbst so bitter durchlebt: die Trennung von ihrem Kind, die Hades ihr zumutet.

Wollte Demeter, nachdem sie den Olymp im Protest verlassen hat, einen Menschen zum Gotte schmieden, zu einem ersten männlichen Gott nach ihrer eigenen Wahl? Wollte sie hier die matriarchale Gottheit aus sich selbst heraus um ein Männliches erweitern und erneuern, so wie auch im Hause des Keleos zu den Töchtern noch ein spätgeborener Sohn hinzukam?

Nach diesem Mißverständnis, das dem begrenzten Horizont der Metaneira entsprang – die aus Schutzinstinkt heraus dem Sohn eine große Berufung und Aufgabe verstellt (wie Maria ihrem großen Sohn Jesus mehrfach angstvoll-hemmend in den Weg tritt) –, ist es verständlich, daß Demeter sich nun in ihrer wahren Größe, in ihrer Gottheit offenbart: „Ich aber bin Demeter, die die größte Freude den Unsterblichen und Sterblichen spendet."

Sechstes Bild: Demeter in ihrem Zorn

Und sie befiehlt dem Volk des Keleos, ihr einen Tempel zu errichten „oberhalb des Brunnens mit dem schönen Tanzplatz". Und sie will das Volk die heiligen Gebräuche lehren, die ihre Seele versöhnen. Der Brunnen und der Tanzplatz werden in den eleusinischen Mysterien, die ich später schildere, noch einen besonderen Stellenwert bekommen. Demeter, bisher selbstverständliche göttliche Wirklichkeit, die dem immer wieder reifenden Getreide innewohnt, wünscht nun, in dieser Spätzeit, in der die Zeusreligion immer beherrschender wird, einen ausdrücklichen Kult in Eleusis. Ist die Begründung eines eigenen Kultes nötig gegenüber dem Übergangenwerden, das ihr und ihrer Tochter vom patriarchalen Olymp her widerfährt? Nun nimmt die Göttin in ihrem Zorn ihre wahre Würde und ihre Größe wieder ein. Zorn befreit von der Selbstverkleinerung, in die wir in der Depression verfallen. Das gilt für Götter wie für Menschen. Zu welcher Größe, zu welch heiligem Zorn können Mütter sich erheben, wenn ihre Mütterlichkeit und ihr gutes Wollen verkannt werden! Wenn sie sich gar ihrer Kinder beraubt oder ihre Kinder bedroht sehen wie Demeter, können sie zu wahren Löwenmüttern werden. Darin besteht ihre wahre Macht und letztlich auch ihre Durchsetzungsfähigkeit.

Und nun durchströmt wieder etwas von der dem Demeter-Mythos eigenen Atmosphäre die Szene: „Schönheit umwehte sie; sehnsuchterweckender Wohlgeruch breitete sich von ihrem duftenden Gewand aus." Wir erleben hier die Theophanie einer Göttin mit, wie der antike Mensch sie schaute: gestalthaft, bildhaft, alle Sinne ergreifend. „Weithin strahlte der Glanz ihres unsterblichen Leibes, golden fiel das Haar auf ihre Schultern, Licht erfüllte das Gemach wie ein blendender Blitz." Duft und Licht gehen von ihr aus: wohltuende Atmosphäre und blendende Klarheit.

Die Erscheinung der Göttin raubt Metaneira für eine Weile das Bewußtsein, macht sie ohnmächtig. Wieder sind es die vier Mädchen, die in selbstverständlicher Besonnenheit überall dort anfassen, wo es nötig ist, die das Kind samt der Mutter versorgen. Diese Mädchen, von denen jede etwas von der Integrität einer Kore hat, vermögen der Erscheinung einer Göttin anders standzuhalten als die Mutter.

Schon am nächsten Morgen wird der Befehl der Göttin an König Keleos weitergegeben, und er läßt unverzüglich den von ihr gewünschten Tempel zu Eleusis errichten, in dem später der zentrale Kult um Demeter und Persephone, der ganz Griechenland erfaßte, in Gestalt der eleusinischen Mysterien stattfinden sollte.

Weit entfernt davon, durch die Errichtung des Tempels versöhnt zu sein, erhebt sich Demeter nun erst zu der vollen Größe ihres göttlichen Zorns. Weitab von den seligen Olympiern sitzt sie hier und gibt sich ganz ihrer wilden Trauer um die noch immer nicht wiedergefundene Tochter hin. Sie entzieht ihren Segen, läßt das ganze Land verdorren, zwingt es, die natürliche Fruchtbarkeit in sich zurückzuhalten. Sie rächt sich nun auch an den Menschen wegen deren Engstirnigkeit, mit der sie ihr Vorhaben, einen der Ihren unsterblich zu machen, wohl eine neue Göttergeneration zu begründen, vereitelt haben, eine neue Göttergeneration, die ihr dankbar zu sein hätte. Sie rächt sich aber vor allem an den olympischen Göttern. Sie werden keine Verehrung von den Menschen, auf die sie offenbar angewiesen sind, mehr erhalten können, wenn die Menschen umkommen durch die von ihr verhängte Hungersnot. Demeter verhält sich wie ein Mensch in der Trauerphase der aufbrechenden Emotionen: Sie sucht die Schuldigen und sucht mit den Schuldigen auch die Unschuldigen heim. Ihre Destruktivität erreicht göttlich-kosmisches Ausmaß: „Ein schreckliches Jahr schickte sie auf die alles ernährende Erde; ein hündisches Jahr für die Menschen." Sie verleugnet gänzlich ihre schenkende, gebende, mütterliche Eigenschaft für Menschen und Götter. Sie wird nun selbst ein Teil des Todes, des Hades. Es ist, als geriete sie dadurch selbst in die Hadeswelt hinab, als würde sie dadurch selbst identisch mit Persephone, der künftigen Herrin der Unterwelt. Sie hält die Saaten unter der Erde fest, bis alles verdorrt.

Psychologisch gleicht dieses Verhalten dem eines Menschen, der nach dem Verlust eines geliebten Kindes wütend nach einem Schuldigen sucht – oft ist es der Arzt – und diesen Schuldigen bis hin zum Prozessieren vor Gericht verfolgt. Nahe am Beispiel der Demeter ist jene Mutter, die den Gedanken, daß an dem unerklärlichen Ertrinken ihrer 14jährigen Tochter deren mitschwimmender Freund schuldig sei, „brauchte", um nicht in Depression zu versinken. Nahe ist Demeter auch jener Mutter, die ihren Mann für den Unfall ihres Sohnes verantwortlich macht, bei dem dieser umgekommen ist. Noch nach Jahren braucht sie den Gedanken, daß ihr Sohn nicht durch eigene Unachtsamkeit, sondern durch die von ihrem Mann zu ungesichert angelegte Steckkontaktanlage ums Leben gekommen sei. So konnte sie durch die Wut auf ihren Mann verhindern, selbst in eine tiefe Depression zu fallen, die sie offenbar nach dem Tod des Sohnes anders nicht hätte vermeiden können.

Menschen, die guten Willens und voll Mitgefühl für den Trauernden sind und diesen im falschen Moment oder nicht im rechten Ton ansprechen, können eine schroffe Zurückweisung von ihm erfahren. In dieser Phase der Trauer will man sich nicht trösten lassen, es käme einem vor wie ein Verrat an dem Verlorenen. Über all diese Menschen bricht der rächende Zorn, der sie von da an beherrscht, wie eine überpersönliche Macht herein, die sie „überkommt": Auch er speist sich aus dem archetypischen Hintergrundbild der in ihrer wilden Trauer zerstörerisch gewordenen Demeter. So destruktiv diese Macht ist, sie hat die Funktion, die Trauer in dieser Phase emotional wie Blut flüssig zu erhalten und nicht zur Depression erstarren zu lassen. Wer wütend ist, wer sich an anderen rächt, wird nicht depressiv.

Zugleich bekommt die lichte Demeter, die Freudespenderin der Menschen, in dieser zerstörerischen Wut – sie zwingt alles ins Nichtsein – selber einen Todes- und Hadesaspekt, der ihr zuvor gänzlich fehlte, den sie aber braucht, um sich ihrer Tochter in dem dunklen Bereich, in dem sie gebannt ist, anzunähern. Über die eigene Hadesseite findet sie die von der Unterwelt verschlungene Tochter wieder. Dies ist ein Vorgang, der in jeder Therapie eine Rolle spielt, in der wir einen dem Todessog anheimfallenden Menschen noch zu erreichen suchen: Wir werden ihn nur erreichen, wenn wir auch in uns selber die Hadesaspekte zulassen, uns ihrer bewußt werden, zum Beispiel unserer eigenen depressiven Anteile oder sogar unserer eigenen gelegentlichen Todessehnsucht.

Es gibt eine Variante unseres Mythos, in der Demeter selbst in den Hades hinabgestiegen ist, um Persephone zu befreien (nach einer anderen Variante war es Hekate).

Zugleich übt sie äußerlich die größtmögliche Macht aus; dadurch, daß sie nichts mehr wachsen läßt, zwingt sie die anderen zum Einlenken. Den Göttern wird diese zorngewaltige Demeter, die sich im vollen Gegensatz zu ihrer sprichwörtlich großen Güte verhält, unheimlich. Es geht nun nicht mehr um einzelnes Schicksal, es geht um die ganze durch solche Destruktivität bedrohte Menschen- und Götterwelt. Auch die patriarchalen olympischen Götter, die wegen Demeters und Persephones Leid zunächst wenig bekümmert waren, müssen spüren, daß sie ohne Demeter nicht sein, daß sie ohne deren wesentliche Funktion der Fruchtbarkeit, ohne deren Gabe und Huld nicht existieren können – von den Menschen ganz zu schweigen.

Siebentes Bild: Versöhnungsboten vom Olymp

So gibt Zeus, neben Hades der Hauptschuldige an diesem gegen sie geschmiedeten Komplott, schließlich nach: Er schickt eine Botin, einen Boten nach dem andern zu der Zürnenden, um sie zu versöhnen. (Aber was soll es, der Brautraub ist nicht mehr ungeschehen zu machen! So mag Demeter denken, und sie bleibt unerbittlich.) Zuerst schickt Zeus die Iris, die „liebliche Göttin mit den goldenen Flügeln", um Demeter zu besänftigen und von ihrem Zerstörungswerk zurückzurufen. Sie ist keine Unwürdige, sie ist die Botin der Hera selbst, der Ehefrau des Zeus, ist darüber hinaus selbst so etwas wie eine Kore, eine Tochter der Hera. Der versöhnende Regenbogen ist ihr Zeichen, und was sie bringt, ist der Frühling. Als Iris ist sie selbst eine Frühlingsblume. Sie ist wie eine Schwester, eine Cousine der Persephone, ein göttliches Mädchen, wohlgeeignet, das Herz der Mutter Demeter zu erweichen. Doch diese bleibt hart. Vielleicht spüren wir erst jetzt, wie abgrundtief die Empörung der Demeter ist, daß sie auch solch einer bezaubernden Botin, die selbst aus dem weiblichen Bereich kommt, widersteht. Alle Götter der Reihe nach schickt Zeus ihr zu, auch bringen sie ihr herrliche Versöhnungsgeschenke – freilich, wo bleibt Zeus selbst, möchte man fragen –, doch Demeter ist nicht bereit, nachzugeben. Nicht unter den bestehenden Bedingungen; es sei denn, sie könne ihre Tochter wiedersehen. Hat Demeter damit nicht einfach recht?

Nachdem Zeus diese ihre unabdingbare Forderung vernimmt, einsehen muß, wie ernst es ihr damit ist, schickt er schließlich Hermes als letzten Boten aus. Hermes ist der Götterbote, der Zeus am nächsten steht, der kreativste unter den Göttern, unerschöpflich im Finden und Erfinden von Lösungen, und seien es Tricks. Er ist erfahren in der Aufgabe, die himmlischen Götter mit den unterirdischen zu verbinden. Er führt die Menschen bis an die Grenze des Totenreiches und wieder zurück, ist Seelengeleiter, Psychopompos, mit dem goldenen Stab des Wanderbegleiters. Zudem hat er eine alte Beziehung zur Fruchtbarkeit, wird er doch in den Steinen, den Hermen, die zu den alten Fruchtbarkeitskulten gehören, verehrt. Auch darin hat er einen Bezug zu Demeter. Er geht nun gar nicht erst zu Demeter, sondern als erstes zu Hades selbst. Darin liegt die Lösung des Problems. Das heißt tiefenpsychologisch: Wenn die transzendente Funktion, die gegensatzvereinigende, in Aktion tritt – und Hermes verkörpert sie –, dann kann Leben wieder fruchtbar werden. Wenn irgendeiner, vermag es Hermes, oben und unten, die himmlischen und die chthonischen, die weiblichen und die männlichen Gottheiten – wie auch die entsprechenden Anteile in uns selbst – zu verbinden. Er hat die Aufgabe, Hades mit milden Worten zu überreden und tatsächlich „Persephone aus der Finsternis zu den Göttern ans Licht emporzuführen, damit die Mutter sie wiedersähe und mit dem Zürnen aufhöre".

Achtes Bild: Im Hause des Hades

Hades wird sich als überraschend einsichtig erweisen, kommt doch die Botschaft aus dem Bereich seines Bruders Zeus und dessen persönlichem Boten. Auch aus anderen Mythen wissen wir, daß der griechische Hades nicht gänzlich unerbittlich ist: Auch Eurydike wurde dem Bitten des Orpheus zuliebe noch einmal aus dem Totenreich freigegeben. Der Bote findet Hades in seinem Hause – er wird auch der Herr des Palastes genannt – auf seinem Lager hingelehnt, wo sich die schamhaft verschlossene Gattin, wie es heißt, in großem Kummer nach der Mutter sehnt. Als Hades die Botschaft hört, „drücken seine Augenbrauen ein Lächeln aus". Ist es verstehend oder eher ein wenig männlich-herablassend, auf eine so enge Bindung zwischen Mutter und Tochter herabblickend? Vielleicht ist es aber doch ein wenig gütig. Er drückt mit beredten Worten sein Verständnis für ihre Traurigkeit aus. Er bittet sie, mit „gnädigem Herzen" zu ihrer Mutter zu gehen, und verspricht ihr, wann immer sie hier sein werde, ihr kein unwürdiger Gatte zu sein. Und er verspricht ihr königliche Würden: „Herrschen wirst du – wann immer du hier bist – über alle Lebewesen und die größte Ehre genießen unter den Göttern." So schickt sie der Gott mit den dunklen Locken zurück zu ihrer Mutter, der Göttin mit dem dunklen Gewand. Im dunklen Aspekt sind die beiden Gegenpole einander näher gekommen.

Voll Freude springt Persephone auf. Doch jetzt greift Hades zur List: Er gibt ihr „von hinten her reichend" einen honigsüßen Granatapfelkern zu essen, damit sie nicht für immer bei Demeter bleibe. Hades hat offenbar doch befürchtet, daß sie für immer bei Demeter bleiben wolle, wenn sie nur könne.

Weshalb ist sie ihm denn so wichtig, weshalb will er sie auf keinen Fall verlieren? Muß denn auch das Totenreich durch eine Frau, eine weibliche Göttin, repräsentiert werden? Ist auch an Hades etwas, das erst durch eine Frau erschlossen werden kann? Offenbar ist es so. Für Hades ist die Kore gleichsam seine weibliche Seite. Er braucht sie, um seine Seele, die plutonische Reichtumsseite, in diesem Reich der Schatten zu erwecken. Eins ist schon klar: Hier, unter der Erde, ruhen die Keime des Getreides, hier ruhen die Bodenschätze, die Erdenergien, die Edelsteine und das Edelmetall, Silber und Gold. Hier entspringen die Quellen. Hier ruhen aber nach altgriechischem Glauben auch die Abbilder aller verstorbenen Menschen, das Wesentliche, das sie einmal waren. Der ganze Schatz der Erinnerung, den die Menschheit besitzt, ist hier aufbewahrt. Die Unterwelt ist auch ein Bereich des Unbewußten, enthält den Quellbereich von Träumen, Intuitionen und Imaginationen. In der Tat: Wenn Unterwelt und Oberwelt verbunden werden, wenn der Gott mit den dunklen Locken die Tochter der blonden Demeter freit, dann kann auch hier in der Tiefe, aus der Tiefe heraus, etwas fruchtbar werden, etwas entspringen. Persephone ist ihm unentbehrlich, so wie dem plutonisch geprägten Mann, von dem ich berichtete, die Beziehung zu einer viel helleren, dem Leben auf der oberen Erde zugewandten jungen Frau wichtig war; wobei er diese, auch wenn er sie seelisch teilweise mit in die Unterwelt zog, doch auch mit seinen plutonischen Reichtümern beschenkte. Hades, der Mann der älteren Göttergeneration – er ist Bruder der Mutter Demeter –, sucht sich in Persephone zu erneuern, zu verändern. Es ist ihm wichtig, das ältere weibliche Mysterium des Todes und der Erneuerung in sein Reich zu holen.

Was hatte er ihr eigentlich zugesteckt in seiner List? Der Granatapfelkern, der in dem süßen roten Fleisch ruht, gehört eigentlich in die Hand der Liebesgöttin. Wie kommt er in den Hades? Wie auch immer – wir werden in dem Kapitel über die feministische Sicht des Mythos noch einmal darüber nachdenken –, nun reicht Hades ihn der Gattin, die in dem Moment dankbar ist, daß er sie freigibt für die Rückkehr zu ihrer Mutter, so daß sie ihn in diesem Moment wohl zum ersten Mal sympathisch, liebenswert findet. (Viele Frauen finden ihren Mann in dem Moment liebenswert, in dem er sie freigibt, und sind dann auch bereit, sexuellen Werbungen nachzugeben, oft gerade in Abschiedssituationen.) Der Granatapfelkern – er erinnert an die Frucht, die im biblischen Paradies allerdings Eva dem Adam reichte – steht für erotisch-sexuelle Lust und die hierauf beruhende Bindung aneinander. So wird Persephone nach der Zeit mit der Mutter zu Hades zurückkehren.

Der Mutter gegenüber stellt sie es so dar, als habe Hades sie gezwungen, diesen Kern zu essen. Im Vollzug der Handlung aber hat sie es freiwillig, wenn auch halb unbewußt getan. Die List des Hades war, daß er das Angebot der Liebesfrucht in dem Moment machte, als sie offen und voll Freude darüber war, daß ihr die Rückkehr zu ihrer Mutter freistand: Sehnsucht nach der Tiefe von Hades wird ihr bleiben, vielleicht auch Todessehnsucht, die mit der Sehnsucht nach Selbstauflösung in der Liebeshingabe verwandt ist.

Wenn wir noch einmal von Demeter her betrachten: Inwiefern könnte sie daran beteiligt sein, daß Hades überhaupt solch ein Einfallstor bei ihrer Tochter fand, dann müssen wir bedenken: Hat sie nicht die Aspekte, die ihre beiden Brüder, der geistig-himmlische Zeus und der chthonisch-unterweltliche Hades, darstellen, von sich ferngehalten beziehungsweise durch die Entwicklung der olympischen Religion von sich fernhalten lassen? Der antike Kosmos, Himmel, Erde und Unterwelt, ist in unserem Mythos unter Zeus, Demeter und Hades aufgeteilt. Demeter als Herrin der Erde ist durchaus an der symbolisch und mythologisch stimmigen Stelle, regiert die Mitte, die irdische Realität. Doch stimmt in der Phase der mythologischen Handlung, die wir eben beschreiben, die Verbindung nach oben (zu Zeus) und nach unten (zu Hades) hin nicht mehr, sie ist unterbrochen. Fehlt nicht Demeter überhaupt der männliche Partner? Daß die Symbiose zwischen Tochter und Mutter hier überhaupt bis ins Erwachsenenalter hinein besteht, zeigt umgekehrt, daß hier das Männliche – als das trennende Prinzip – bisher ausfiel. Was sonst, wenn das väterliche Prinzip von früh an als Drittes in die Dyade zwischen Mutter und Tochter tritt, Schritt für Schritt vollzogen werden kann, geschieht hier – wie überall, wo der Vater fehlte – mit einem Mal, es muß als plötzliche und große Trennung vollzogen werden, als Hades auftritt. Muß die jeweils ferngehaltene Seite der Mutter nicht der Tochter in den Rücken fallen, sie überfallen, sie in ihren Bann ziehen, so wie es Persephone in unserem Mythos mit Hades widerfährt? Dadurch aber wird die Hadesseite, die chthonische Seite, nicht nur mit Persephone, sondern auch mit Demeter wieder verbunden. Demeter lebt sie selbst in ihrem tötenden Zorn, sie erlebt sie in der Verbindung ihrer Tochter mit Hades, sie erfährt sie aber auch in der zweimaligen Wiederbegegnung mit Hekate, der älteren matriarchalen Göttin des Totenreichs, die sich, nach unserem Mythos, zuletzt als die unentbehrliche Dritte im Bunde fest an Demeter und Persephone anschließt.

Nun aber bespannt im Fortgang unseres Mythos Hades erneut den goldenen Wagen mit den schwarzen Rossen. Mit dem gleichen Gefährt, mit dem sie eingefahren ist, soll Persephone die Unterwelt wieder verlassen und zur Mutter zurückkehren. Psychologisch machen wir oft die Erfahrung, daß das gleiche, was uns in eine Depression hineingebracht hat, uns auch zum Fahrzeug wird, das uns wieder hinausbefördert: sei es ein Beziehungsproblem, eine religiöse Erfahrung oder was auch immer. Wagenlenker ist aber diesmal nicht Hades selbst, sondern Hermes, der schöpferische Gott, der obere und untere Welt zu verbinden weiß, der Seelenführer. Er stellt letztlich die lebensnotwendigen Verbindungen zwischen den beiden Göttinnen, aber auch zwischen ihnen und den Göttern, den oberen und den unteren, wieder her.

Neuntes Bild: Die Wiederbegegnung von Mutter und Tochter

Ergreifend ist die Wiederbegegnung von Mutter und Tochter geschildert: Sie fliegen einander entgegen. „Auf sprang Demeter beim Anblick ihrer Tochter wie eine Bacchantin im Gebirge", leidenschaftlich und hingerissen. Sie umarmen sich. Aber schon kann Demeter, die Wissende, sich die Frage nicht versagen, ob Persephone in der Unterwelt auch keine Nahrung zu sich genommen habe. Demeter weiß auch, was dies bedeutet (denn es zieht einen jeden wieder in die Unterwelt zurück, der Nahrung von dort zu sich genommen hat): daß sie nur zwei Drittel des Jahres bei ihr bleiben dürfe und das dritte Drittel wieder zurück unter die Erde müsse. Es gießt einen Tropfen bitteren Wermuts in ihre Freude, daß Persephone den Granatapfelkern eben doch von Hades angenommen und verzehrt hat, auch wenn sie jetzt noch so sehr ihrer Mutter gegenüber betont, daß sie dazu gezwungen worden sei. Sie erzählt auch, wie sie geraubt wurde. Neben den Töchtern des Okeanos erwähnt sie nun auch Artemis und Athena als ihre Spielgefährtinnen aus dem Kreis derer, von denen sie durch Hades weggerissen worden sei. Sie erwähnt diese beiden jungfräulich-ungebundenen unter den Göttinnen, die ihr Mädchentum für immer bewahrten. Zu ihnen gehört sie wesenhaft. Doch in einem unterscheidet sie sich grundsätzlich von ihnen: Sie ist das göttliche Mädchen, das eine Mutter hat (von den Müttern der Artemis und der Athene weiß die Mythologie nichts zu berichten). Und was für eine Mutter sie hat: eine Löwenmutter, die den ganzen Olymp herausgefordert hat, die die patriarchale Götterwelt das Fürchten lehrte, um ihre Tochter wiederzugewinnen. Trotz der sexuellen Begegnung mit Hades, die sie für ein Drittel des Jahres zu ihm in die Unterwelt bindet, kehrt Persephone für zwei Drittel des Jahres in göttlich-freies Mädchentum zurück, ist sie die Kore, die Kore zugleich ihrer Mutter, deren Zukunft, deren Entwicklungs- und Wandlungsmöglichkeit. Mit ihrer Mutter gemeinsam bildet sie eine Doppelgestalt, sie sind „die beiden Göttinnen", die ein Grieche beim Schwören anrufen kann. Karl Kerényi hat sehr schön und überzeugend beschrieben, was die Kore, das göttliche Mädchen, beziehungsweise die mädchenhafte Göttin in der griechischen Religion bedeutet, eine wie zentrale Rolle sie dort spielt. Eine Dritte, Hekate, gesellt sich schwesterlich, als habe sie von Anfang an dazugehört, zu den beiden Göttinnen: Hekate, die Göttin mit dem glänzenden Kopfschmuck. Sie hat auch von Anfang an dazugehört. War sie doch die einzige Göttin, die den Hilferuf Persephones, als sie von Hades geraubt wurde, vernahm, die einzige unter allen Göttinnen und Göttern, die mit Demeter zusammen auf die Suche nach der verlorenen Tochter ging (nach einer Variante des Mythos war sie selber im Hades, um Persephone heraufzuholen). Sie gehört aber noch von viel weiter her zu den beiden Göttinnen als deren dritter Aspekt, als die Alte, Weise, die lange vor Hades, in vorolympischer Zeit, die matriarchale Göttin des Totenreiches war. Zu dem Aspekt des Mädchens, der Kore, dem Aspekt der reifen Frau und Mutter, Demeter, fügt sich in ihr der dritte Aspekt, der der weisen Alten. In noch früherer Zeit war Hekate selbst die Herrin über Erde und Unterwelt gewesen. In olympischer Zeit schließt sich – gerade als Folge des Demeter-Mythos – die dreifaltige Göttin unter ihren drei Aspekten wieder fester zusammen. Jetzt aber ist der übergeordnete Name Demeter, die in ihrem mädchenhaften Aspekt in der Gestalt der Kore-Persephone, in ihrem Alters-Weisheits- und Todesaspekt in der Gestalt der Hekate erscheint. Die Dreiheit der Göttinnen ist wiederhergestellt, sie haben sich im Tempel von Eleusis wiedergefunden.

Zehntes Bild: Die Wiederkehr der Fruchtbarkeit

Doch fehlt ein Letztes und Wesentliches: Noch liegen die Felder brach, weil Demeter die göttliche Kraft des Wachstums zurückhält, und noch immer sind Demeter und Persephone nicht zum Olymp zurückgekehrt. Da entsendet Zeus ihrer aller gemeinsame Mutter, Rhea, auch sie eine Göttin im dunklen Gewand, Mutter der Demeter, aber auch des Hades und des Zeus: die Große Mutter, das mütterliche Prinzip selber, das kommt, um Demeter endgültig zu versöhnen. Rhea richtet die Botschaft aus, daß Zeus ihr und ihrer Tochter alle Ehrungen versprochen habe, die sie sich nur wünsche – keine Rede also mehr von einer Zurücksetzung der weiblichen Gottheiten gegenüber den Olympiern –, und dazu die zwei Drittel des Jahres, die Mutter und Tochter miteinander verbringen dürften. Schon bei ihrem Herabkommen von den Höhen des Olymp zum rharischen Gefilde hinunter sieht Rhea auf dieser Ebene, die ehedem so fruchtbar war, die Verheerungen der Dürre, die Demeter in ihrem verzweifelten Zorn angerichtet hat. Nun bittet sie ihre Tochter, nachdem sie alle die Versprechungen des Zeus ausgerichtet hat, das lebenspendende Korn von neuem wachsen zu lassen. Ihr und nur ihr gehorcht Demeter und läßt das Korn nun endlich von neuem sprießen, und es geschieht in Kürze: „Schwer bedeckte sich mit Halm und Blüte die breite Erde." Korngöttin, Nahrungsgöttin ist Demeter, wie wir sehen, vor allen anderen. Niemand hat diese lebenspendende Funktion wie sie. Das Leben der Menschen hängt von ihr ab und vom Leben der Menschen die Verehrung der Götter. Auch Mutter Rhea kann sie darin nicht vertreten. Demeter hat sich durchgesetzt gegenüber den olympischen Göttern: Ihre Verehrung und die ihrer Tochter ist auch für die olympische patriarchale Zeit gesichert. Gegenüber Hades hat sich ein Kompromiß ergeben: Zwei Drittel des Jahres bleibt die Tochter mit ihr verbunden, bleibt sie Kore, göttliches Mädchen, und darin ihrem unabhängigen Jungfrauentum treu. Ein Drittel des Jahres aber gehört sie zu Hades. Mit zwei Dritteln des Jahres ist der Verbundenheit mit der Mutter ein deutliches Übergewicht gegeben. Die Quellen berichten (Ranke-Graves), daß sie zwar dem Hades immer treu geblieben, daß sie aber auch in der Unterwelt die Gesellschaft der alten Göttin Hekate zuweilen der des Hades vorgezogen habe. Dennoch: Auch dieser Teil des Mythos, daß Persephone mit Hades verbunden ist, daß sie den Granatapfelkernen, den er ihr reichte, zu sich genommen hat, gehört zum Ganzen. Als ihre Rückverbindung mit Demeter gewährleistet ist, wächst sie, so dürfen wir annehmen, auch in ihre neue Würde als Königin des Hades hinein. Die positive Rückbindung an die

Mutterimago, die Große Mutter, scheint für die Frau unerläßlich dafür zu sein, daß sie in ihre eigene Aufgabe, ihre eigene unübersehbare Würde und in die gültige Verbindung mit dem Männlichen hineinwachsen kann. Hier ist es die Verbindung mit dem Gott der Unterwelt. Als Königin des Hades wird Persephone mit großem Ernst in Griechenland verehrt, als solche wächst sie über das Nur-Mädchen, das sie zuvor war, unübersehbar hinaus. Die weiteren Mythen um Persephone und Hades sagen ihr nach, daß sie gütig und mitfühlend auch als Königin der Unterwelt geblieben sei.

Was bedeutet diese ihre Bindung an Hades tiefenpsychologisch verstanden? Hierzu hat vor allem Christine Downing in ihrem Buch „Goddess" wesentliche Gedanken beigetragen. Christine Downing berichtet, wie sie sich schon früh mit Persephone identifiziert habe. Sie habe zunächst diesen Teil des Mythos nur aus der Perspektive der oberen Welt verstanden, wie Demeter es tat und wie jener Teil in Persephone es tat, der sich nach Rückkehr sehnte. Sie wußte um deren Freude, zu Demeter zurückzukehren:

„Ich weiß, wie tief die Sehnsucht in mir ist, bemuttert zu werden – und ich erwarte nicht, daß jemals eine Zeit sein wird, in der meine Muttersehnsucht gänzlich befriedigt sein wird. Ich bin in meinen Träumen das verstoßene Kind so gut wie die verlassene und gramvolle Mutter."

Sie glaubte nur zu gut zu wissen, was es bedeutet, in die Unterwelt geworfen zu sein:

„Ich bezog die Zeiten des Verbleibs in der Unterwelt auf Zeiten von Depression und Trennung, Zeiten, in denen ich die Unabhängigkeit meines Ichs verloren fühlte, Zeiten, in denen ich mich von etwas außerhalb meiner selbst überwältigt fühlte. Während solcher Zeiten wünschte ich einzig und allein und verzweifelt zurückzugelangen: und wußte, daß nur ein Bote der Götter dieses möglich machen könnte."

Sie konnte Persephones Wegführung auch in dem Sinn einer Initiation in die sexuelle Erfahrung gut verstehen, die sie zu Anfang so ambivalent erlebt hatte wie Persephone. Während langer Zeit verstand sie Persephone als das unschuldige Opfer des Hadesraubs, betrachtete diesen Raub als eine üble Erfahrung, von der man natürlich lernen und von der man sich hoffentlich würde erholen können. Doch dann, fährt Christine Downing fort,

„begann ich Hades so zu sehen, daß er nicht Negatives, sondern ‚Tiefe' bedeute – und wahrzunehmen, wie viel in mir, obgleich nicht ganz bewußt, sich vor den Tiefen fürchtete, die Hades repräsentierte. Ich sah, daß in diese Tiefen hineingenommen zu werden immer einer Entführung gleichkäme. Denn wir – vielmehr ich – fühlen uns niemals ganz, mutig, reif genug, um von uns aus dorthin zu gehen. Wir sind immer noch jungfräulich angesichts der wirklich transformierenden (tötenden) Erfahrungen... Früher begrüßte ich Hermes als den Führer aus der Unterwelt heraus, jetzt beginne ich Hades zu begrüßen als Führer in sie hinein. Ich fühle, daß ich nun verstehe, wie sich

Persephone vom Widerstand gegen Hades zur Liebe zu ihm hinüberbewegte... Nun verstehe ich jene Zeiten von Verwirrung und Hoffnungslosigkeit, welche mir einmal so selbstverständlich als Erfahrungen, die mich von mir selbst wegführen, galten, als Zeiten, in denen ich zu mir selbst hingestoßen werde. Ich war gewohnt gewesen, Hades aus der Alltagsperspektive zu betrachten, aus der Perspektive Demeters, als sie Hades zurückwies, den Olymp verließ und in den Städten der Menschen lebte. Doch nun verstehe ich die Zeit in der Unterwelt anders. Dieses veränderte Verstehen von Hades kam nicht durch Meditieren des Mythos zustande, sondern durch eine persönliche Erfahrung, die ich erst nachträglich mit dem Persephone-Mythologem verbunden sah: Vor einiger Zeit nahm ich an einer visionären Erfahrung teil, in der ich mich in meine eigene Auflösung hineingestoßen sah. Ich fühlte mich zum Tode hingestoßen oder in einen Status hinein, der ununterscheidbar war von Tod oder Verrücktheit, und ich spürte sehr machtvoll meine Angst davor — und besonders meine Angst vor der Angst. Ich entdeckte in jener Nacht, wie sehr ich mich davor fürchtete (und immer schon gefürchtet hatte), angstvoll, furchtsam, schwach und hilflos zu sein. Aber irgendwie ließ ich mich nun Angst haben, ließ mich verrückt werden, ließ mich sterben: Weil ich realisierte, daß mich nicht selbst sterben zu lassen, einen noch viel schlimmeren Tod bedeuten würde. Ich fühlte es — und ich denke, es war ein Teil von dem, was die Furcht hervorrief—, daß dieses Sterben, das ich vorgehen spürte, eine Art von nicht endendem Fallen ins Nichts war. Ins Nichts,

Nichts, Nichts. Aber ich entdeckte, daß es sich, je mehr ich mir erlaubte zu fallen, desto weniger danach anfühlte. Ich entdeckte, daß ich niemals wirklich geglaubt hatte, daß es ein Zentrum innerhalb des Zyklons gebe und daß es dies sei. Es war keineswegs ein Fall von Überwindung der Furcht, von Überwindung meiner Fragmentierung oder meiner Verwundungen – aber genau die Entdeckung, daß solche Überwindung nicht das Wesentliche ist. Die Angst, der Schmerz, die Unvollständigkeit des Verwundetseins, das Sterben: sie waren da. Sie waren meine Not und meine Angst und meine Fragmentierung, aber ich war zu einer Art von objektiver Beziehung zu ihnen gekommen. Die Angst war nicht länger angsterregend, ich konnte sie einfach da sein lassen, viel eher, als daß ich vor ihr davonlief. Ich lernte, daß Ganzheit nicht meint, nicht in Teilen zu sein, daß Gesundheit nicht meint, nicht verwundet zu sein.

Während jener Zeit widerrief ich meine negative Sicht von Krankheit, Leiden und Trauer. Ich lernte diese Dinge nicht länger als etwas zu sehen, das vorübergehen sollte, das ich hinter mich werfen oder verleugnen sollte. Ich sehe nun jene Nacht als eine Nacht, die ich im Hades verbracht habe. Die Persephone der eleusinischen Riten, die Persephone, die Braut des Hades ist, befähigt uns, uns den schwierigsten Momenten unseres Lebens zu stellen, als zu ihm gehörig, als Gelegenheit für ein tiefes Schauen. Die Mysterien waren Zeigehandlungen, Schauungen, Einsichten. Das Geheimnis der eleusinischen Riten scheint zu sein, daß sie eine gute Ankunft in der Unterwelt ermöglichen."

Diese Überlegungen zur tiefenpsychologischen Bedeutung der zunächst unfreiwilligen Hadesreise Persephones leiten hinüber zum letzten Teil des Mythos: Er weist auf die eleusinischen Mysterien hin, die in Persephones Hadesentrückung und Demeters Suche nach ihr ihre Wurzel und ihre Begründung haben. Zugleich weist der Mythos auf ein Unnennbares hin, das diese Mysterien vermitteln. Dieses unaussprechliche Eingeweihtsein scheint so viel zu bedeuten wie schon im Leben den Tod überwunden zu haben, durch ein Sterben ins Leben hinein, durch ein Sterben und Auferstehen mitten im Leben, so wie es später der christliche Mythos ausdrücken konnte. Rose Ausländer schreibt in unserer Gegenwart ein Gedicht, das Ähnliches zu enthalten scheint: Sie nennt es „Die Auferstandenen". Es lautet:

Wo sind
Die Auferstandenen
Die ihren Tod überwunden haben
Das Leben liebkosen
Sich anvertrauen dem Wind?
(Rose Ausländer, Mein Atem heißt Jetzt,
S. 56/57)

Es scheint auch in den eleusinischen Mysterien letztlich darum gegangen zu sein, den Todes-, den Abschieds- und Trennungsaspekt des Lebens anzunehmen, indem man in den Mythos von Demeter und Persephone und seinen lebendigen Mitvollzug im Ritus eintrat.

Der Mythos als Spiegel von Mutter-Tochter-Beziehungen heute
Erfahrungen und Beispiele aus der psychotherapeutischen Praxis

Der Demeter-Mythos ist mir auch deshalb wichtig geworden, weil ich ihn in der therapeutischen Arbeit mit Frauen ständig gebrauchen kann, um die Hintergrundstrukturen von bestimmten Mutter-Tochter-Verwicklungen besser zu verstehen.

Zunächst stelle ich einige Fälle vor, in deren Hintergrund der Demeter-Persephone-Mythos zu stehen scheint, unabhängig davon, ob die entsprechenden Frauen ihn kennen oder nicht. Es ist ja ein archetypisches Geschehen, daß wir immer wieder nach solchen großen alten Menschheitsmustern leben und uns darin vorfinden.

Mutter-Tochter-Bindungen

Ich denke an ein magersüchtiges Mädchen. Zunächst kam die Mutter zu mir. Die Frau war sehr unselbständig geblieben, neben einem gefühlsarmen Mann hatte sie sich nicht voll entwickeln können; das erotisch-sexuelle Leben in dieser Beziehung war recht verödet. So konnte sie natürlich kein weibliches Vorbild für ihre Tochter sein. Andererseits hatte sie sich sehr stark an ihre Tochter gebunden, diese war ihr zur Lebensaufgabe geworden. Nun wird dieses Mädchen magersüchtig, erkrankt also an einer lebensbedrohlichen Krankheit, die übrigens in unserer Zeit immer häufiger wird. Die Mutter beginnt fast nur noch dafür zu leben, um dieses Mädchen zu bangen, sie läßt es nicht los, weder an Begegnungen mit Männern noch an eine Berufsausübung. Sie nimmt die extreme Magerkeit des Mädchens wahr, das auch immer wieder zu Krankheiten neigt, und rät ihm im Blick darauf von allen eigenen Initiativen ab: Beziehungen seien gefährlich für sie, die Ausbildung sei zu strapaziös. Die Mutter ist auf das Mädchen fixiert und für ihre eigene Entwicklungsmöglichkeiten blockiert. Als das Mädchen schließlich bei einem schweren gesundheitlichen Rückschlag selbständig eine Klinik aufsucht, kommt auch die Mutter in eine schwere Krise – und in Therapie. In dieser Problemgeschichte spiegelt sich nun keineswegs der ganze Demeter-Mythos, aber man könnte durchaus vergleichbare Züge zu ihm finden, die mit diesem Mythos zusammenklingen.

Hinter der Magersucht steckt eine schleichende Suizidalität, ein Angezogensein vom Hades. Es ist wohl keine direkte Todessehnsucht – sie stellt sich in der Magersucht ganz anders dar als beim bewußt Suizidalen –, aber es ist eine Ablehnung der Frauenrolle, auch des weiblichen Körpers, letztlich häufig eine direkte Ablehnung der Mutter, insofern eine Ablehnung der ganzen Existenz als Frau. Es kann übrigens auch eine bestimmte Phantasie, die einer Existenz nachhängt, die man in diesem Leben nicht verwirklichen kann, zu solch einer unterschwelligen Todessehnsucht führen. Es kann die Sehnsucht nach einem idealen Leben sein, die man natürlich nie stillen kann.

Zunächst scheint es hier ganz anders zu sein als

bei Demeter, die mit unendlicher Liebe ihre Tochter umsorgt. Vergleichbar ist in dieser Lebensgeschichte nur, daß auch diese Mutter ihre eigene Existenz völlig von der der Tochter her versteht. Sie merkt nicht, wie sie dadurch deren Leben einengt. Ich begreife mehr als zuvor, wenn ich den Demeter-Mythos hinter diesen Müttern sehe, die wie Irrende umherschweifen, um ihre Töchter wiederzufinden: Diese Mutter zum Beispiel sucht nach Ärzten, das ganze Leben dreht sich um die Magersucht ihrer Tochter, und sie begreift nicht, daß die Tochter vielleicht selbst eine andere Möglichkeit hätte, in ihre Weiblichkeit hineinzuwachsen, wenn die Mutter nur erst einmal von ihr abließe. Bemerkenswert ist für mich, wie die Tochter plötzlich den Mut findet, selbst eine Klinik für sich zu suchen. Erst da merkt die Mutter, daß es zugleich um sie selbst geht, um ihr eigenes Problem, daß sie unfähig ist, sich von der Tochter abzulösen, ein Leben auch unabhängig von dem ihrer Tochter zu führen. Von da an entschließt auch sie sich zu einer Therapie.

Ich möchte dem eine anders endende Geschichte gegenüberstellen, in der sich schließlich eine Zukunft für Mutter und Tochter öffnet. Hier fehlte der Vater, die Bindung zwischen Mutter und Tochter wird so eng, daß die altersgemäße Ablösung nicht erfolgen kann und das Mädchen lange von Gleichaltrigen isoliert bleibt. Mit 16 Jahren kommt es zu einem Suizidversuch des Mädchens. Nach dieser Krise verläßt das Mädchen das Haus, in dem es bisher mit der Mutter gewohnt hatte, und schließt sich eng an den jungen Mann an, wegen dessen Auftauchen in der Familie die Mutter solche Zornesausbrüche bekommen hatte, daß es das Mädchen nicht mehr aushielt. Sie lebt mit ihm, der Kontakt mit der Mutter reißt ab. Mit 21 Jahren bekommt sie dann von diesem Mann ein Kind, einen Sohn – sie sind nach wie vor nicht verheiratet –, und jetzt geschieht das Eigentümliche: Als sie nun mit dem Sohn, selber als Mutter und in einer Beziehung stehend, die nach so vielen Jahren Respekt verlangen kann, wieder zur Mutter zurückgeht, kommt es zu einer echten Wiederbegegnung zwischen der Mutter und ihr. Die Mutter ist im Grunde eine recht „urige", ursprüngliche Frau. Der Enkel und das Muttersein der eigenen Tochter rühren sie, zudem war sie in der Zwischenzeit selbstkritischer geworden. Ich hatte zuerst mit der Mutter therapeutisch gearbeitet und dann mit der Tochter. Die Mutter war eine Frau, die bisher kein erfülltes Leben gehabt hatte: Als Witwe hatte sie für niemand anderen als für dieses Mädchen gelebt. So konnte sie den Ausbruch ihrer Tochter aus ihrer beider Beziehung zunächst nicht verkraften. Es war aber eine neue, fruchtbare Begegnung zwischen Mutter und Tochter möglich, als die junge Frau, nachdem sie ihr eigenes Leben gewonnen und verteidigt hatte, sich nun wieder an die Mutter wandte: als eine, die vom Granatapfelkern gegessen hatte und nun der Mutter plötzlich als Schwester begegnen konnte.

Nicht nur in Lebensgeschichten aus der Gegenwart, sondern auch in historischen Fällen, wie zum Beispiel der Vita der Heiligen Hildegard von Bingen, finden wir Spuren eines gelebten Demeter-Mythos mit all der dazugehörigen Tragik. Auch im Leben einer so überragenden Gestalt wie Hildegard von Bingen spielt eine Mutter-Tochter-Bindung mit einer für die Tochter schließlich tödlichen Verwicklung eine Rolle. Zwischen Hildegard als der geistig-seelischen Mutter und ihrer hochbegabten jungen Mitschwester Richardis von Stade hatte sich eine besondere Vertrauensbeziehung entwickelt. Hildegard war Äbtissin und eine bedeutende naturkundlich-medizinische und mystische Schriftstellerin. Von Kind auf hatte sie Visionen gehabt, deren sie sich aber schämte und die sie streng bei sich behielt, allenfalls mit ihrem geistlichen Vater austauschte, bis sie dann in Richardis eine ebenbürtige junge Partnerin fand, die sie an ihren inneren Erfahrungen teilhaben und auch zu deren Niederschrift gewinnen konnte. Richardis war zudem gewandter im lateinischen Ausdruck als sie selbst.

Als nun Richardis den Ruf bekommt, in einem Kloster in Bremen selbst Äbtissin zu werden – Hildegards Kloster war in Bingen –, beginnt Hildegard in einer leidenschaftlichen Weise darum zu kämpfen, diese junge Frau behalten zu dürfen. Sie setzt Richardis unter Gewissensdruck: Sie nähme das Amt der Äbtissin gewiß nur aus ehrgeizigen Gründen an, es sei die Frage, ob dieser Ruf wirklich als Gottes Stimme verstanden werden könne. Ihre eigenen Visionen hätten ihr Gegenteiliges gezeigt, Richardis solle nicht gehen. Und hier setzt die Tragödie ein: Richardis gerät in große innere Zweifel und Zerrissenheit durch den Druck, den die verehrte und geliebte ältere Frau auf sie ausübt, sie zögert sehr lange, nach Bremen zu gehen, entschließt sich aber doch dazu und wird darüber todkrank. Sie versteht diese Krankheit als Zeichen ihres Ungehorsams gegenüber Hildegard, will zurückkehren und kehrt zurück – doch in diesem Augenblick verschlimmert sich die Krankheit, und

Richardis stirbt. Hildegard ist durch den Tod des wohl vertrautesten Menschen, den sie je hatte, erschüttert und wirft sich vor, eine Mitschwester zu stark an sich gebunden zu haben. Sie hat dies in der Rolle einer Mutter getan – damals wurden die jungen adeligen Mädchen schon mit acht oder zehn Jahren in die Klostererziehung gegeben, und es stimmt gewiß nicht, wie manchmal behauptet wird, daß diese ohne Mütter aufgewachsen wären. An ihren geistlichen Müttern hatten sie sogar sehr starke Mütter, gefährliche Mütter auch, da diese geistlichen Frauen oft ihre ungestillte Sehnsucht nach biologischer Mutterschaft und ihre emotionale Unerfülltheit auf die jungen Novizinnen übertrugen und diese ihnen mehr sein sollten, als sie konnten. Auch Richardis war schon im Alter von acht Jahren zu Hildegard gekommen. Es spielen sich im Bereich des Klosterlebens Demeter-Persephone-Bindungen von großer Abgründigkeit ab.

Schließlich möchte ich noch von einer eher vergnüglichen Mutter-Tochter-Beziehung aus meinem Bekanntenkreis berichten: Es handelt sich um eine Ärztin, Mitte Fünfzig, die in der Wissenschaft tätig ist, und um deren Tochter, nun schon weit über Dreißig, die mit ihrer Familie in Dänemark lebt. Diese Ärztin verbringt regelmäßig ein Drittel jedes Jahres mit ihrer Tochter und deren Familie an der dänischen Küste. Zwei Drittel des Jahres arbeitet sie an ihrer wissenschaftlichen Institution. Die beiden Frauen behaupten glaubwürdig, es sei jeweils die erfülltere Zeit des Jahres, wenn sie zusammen sind. Hier hat sich offenbar die enge Bindung trotz Heirat nicht aufgelöst, sondern sich gerade, seit die Tochter selbst Mutter ist, verdichtet. Es ist zwischen den beiden nur ein wenig anders als im Mythos: Persephone darf zwei Drittel des Jahres bei Demeter bleiben, während diese Tochter nur ein Drittel des Jahres bei der Mutter ist, aber immerhin: Es ist dies die überraschendste Geschichte, die ich als Parallele zum Demeter-Mythos kennengelernt habe, vor allem auch, weil es sich hier um eine starke Mutter handelt, die ihre Tochter aber offenbar doch nicht erdrückt. Das gibt es also auch, und man kann an dem Mythos lernen, woran es liegen mag, wenn die Wiederbegegnung zwischen Mutter und Tochter gelingt: Sie gelingt offenbar gerade dann, wenn die Tochter wirklich vom Granatapfelkern gegessen und damit auch durch Sexualität und eigene Schwangerschaft gegangen, wenn sie selbst erwachsene Frau, selbst Mutter geworden ist. In den meisten der berichteten Fälle gab es jedoch eine leidenschaftliche Trotzreaktion seitens der Mutter, die ihre Tochter als ihr gewaltsam entrissen erlebte – sei es durch einen Mann, sei es durch eine selbständige geistige Idee oder einen Berufsplan dieser Tochter, auch dies können wir ja als eine Symbolisierung des Männlichen verstehen. Offenbar gelingt diese Wiederannäherung zwischen Mutter und Tochter nur, wenn die Mutter bereit ist, die Tochter an eine Verwandlung freizugeben und als eine Andere, Erneuerte wiederzufinden.

Die Trennung
der symbiotisch Verbundenen

Doch möchte ich jetzt noch einmal auf den Mythos selbst zurückkommen und ihn zuächst von Persephone her betrachten. Zu Beginn des Mythos haben wir uns eine enge Mutter-Tochter-Dyade zwischen Demeter und Persephone vorzustellen, die in einer Art Symbiose miteinander leben. Dieses Verständnis schlägt sich selbst noch in den späten Bildern griechischer Künstler zum Demeter-Persephone-Mythos nieder. Es sind uns einige Darstellungen aus hellenistischer Zeit überliefert, die diese beiden Frauen, die beiden Göttinnen genannt, nahezu gleich gestalten; man kann nie sagen, wer nun eigentlich die Mutter, wer die Tochter ist. Auch darin schlägt sich nieder, wie der Mythos die Tochter als Spiegelbild der Mutter zeigt. Ein enges symbiotisches Verhältnis bildet die Ausgangsphase eines jeden sogenannten positiven Mutterkomplexes. In der Jungschen Psychologie sprechen wir ja nicht nur von einem negativen, sondern auch von einem positiven Mutter- beziehungsweise Vaterkomplex und verstehen unter „Komplex" eigentlich nur dies, daß die Beziehung zur Mutter oder zum Vater stark gefühlsbetont und emotional aufgeladen ist. Einen positiven Mutterkomplex zu haben heißt demnach, von der Mutter sehr viel mitbekommen zu haben, bei ihr angenommen und geliebt gewesen zu sein und ein ähnliches Verhalten unwillkürlich auch künftig von der Welt zu erwarten. Wegen dieser positiven Erfahrungen an der Mutter ist es besonders schwer, das eigene Leben aus der Symbiose mit ihr zu lösen.

Demeter wird zugleich wie eine Frau geschildert, die ihre männlichen Aspekte, die geistige Seite in Gestalt ihres Bruders Zeus, die chthonische Seite in Gestalt ihres Bruders Hades, von sich ferngehalten hat. Beide Seiten fehlen dieser Mutter und können gerade deshalb auf die Tochter große Faszination ausüben. Persephone, bisher noch ganz in der Welt des Weiblich-Mütterlichen geborgen, wird nun von diesem Neuen, das den Namen Hades tragen wird, überfallen: beim Spiel mit den Okeaniden, beim Blumenpflücken auf der Wiese. Geschwisterliches Spiel mit den Kräften, die dem Meer, dem Unbewußten, der seelischen Tiefe zugehören wie die Okeaniden, steht am Ausgang dieser Geschichte. Zugleich wird dieses Mädchen umhüllt und betört von dem Duft der besonderen Blume, die Mutter Gaia für sie gepflanzt hat: der Narzisse. Zur Narzisse gehört natürlich der Mythos von Narzissos, den wir schon betrachtet haben, der Mythos von Selbstliebe und Selbstbespiegelung; beides ist zunächst altersgemäß – führt als positive Zuwendung zu sich selbst sogar ein Stück weit von der Mutter weg –, kann aber, wenn es hierbei bliebe, das Mädchen wie Narziß in eine Isolierung und Verwunschenheit führen. Die große Mutter Gaia hat anderes zur Erweckung ihrer Großtochter im Sinn. Wenn bei dem kindlichen Spiel mit den Okeaniden und den Blumen eines Tages die Erde sich spaltet – die Erde als Symbol des Mütterlichen –, so kann das auch heißen, daß das bisher ungebrochen idealisierte Mutterbild, das alles Positive enthielt, sich nun aufspaltet in eine positive und in eine negative Seite, eine gewährende und eine verhindernde: das heißt, dieses Mädchen bekommt Phantasien, neue Gefühle, Beziehungsphantasien und spürt genau, daß sie, wenn sie diesen folgte, es mit der Mutter zu tun bekäme – in dem Sinne, daß diese nicht wollen könne, daß sie ihren eigenen Weg geht, daß sie über die Mutterbeziehung hinausgeht und so die Mutter schließlich verläßt. Es muß wohl so sein, wie ich schon vermutet habe, daß die Spaltung der Erde nach der Berührung mit der Narzisse auch eine Phantasie über den eigenen Körper bedeutet, eine Berührung des eigenen Körpers, bei der dieses bisher unberührte Mädchen seine Sexualität entdeckt und deshalb als das Mädchen, das es bisher war, sterben muß, selbst wenn es wegen dieser Erfahrung – anders als viele Mädchen – keine fürchterlichen Gewissensbisse gegenüber der Mutter haben müßte. Für viele Mädchen beginnt mit der Entdeckung ihrer Sexualität eine erste Distanzierung von der Mutter, der sie von diesem Moment an auch nicht mehr alles von sich erzählen mögen, vor allem dann nicht, wenn die Mutter eine Frau ist, die ihre eigene chthonisch-dunkle Seite, ihre Sexualität, weitgehend abgespalten hat und sie nie von sich aus gegenüber dem Mädchen anspricht. Über der Berührung mit der Narzisse tut sich etwas auf, was auch ein Abgrund ist, eine Faszination durch den Abgrund. Und jetzt ist das Erleben und die Situation reif für das, was Kerényi so dramatisch schildert: „Auf tut sich die Erde" – und sie wird von dem Chthonisch-Männlichen in Gestalt des Hades geraubt. Da also greift er zu, wo die Beziehung zum Körper und zur Sexualität plötzlich aufbricht, wo die Symbiose mit der Mutter einen Sprung bekommt – da erfaßt sie dieser Mann mit seinem Wagen und den Rossen, die ja selbst für freigelassene Triebe und deren Emotionen stehen.

Demeter aber bleibt verlassen zurück. Demeter gilt eigentlich in der Mythologie als sanftmütig, ist sie es doch, die wie die Erde alles austrägt, die bewirkt, daß die Erde fruchtbar wird, aber auch sie kann – und das weiß die Mythologie und nicht zuletzt unser Mythos – in einem jähen Zorn entbrennen. In einem Fall kann ich sie gut verstehen: Da hat Erysichthon in ihrem heiligen Hain Bäume gefällt, er brauchte Holz zum Bau einer Festhalle. Sie erscheint ihm, zunächst noch freundlich, in Gestalt einer Priesterin und weist ihn darauf hin, daß Demeter mit dem Fällen ihrer heiligen Bäume sicher nicht einverstanden wäre, er möge davon ablassen. Doch da erhebt er die Axt gegen sie. Nun schlägt sie zu und straft ihn mit etwas ungewöhnlich Schrecklichem, nämlich mit ewigem Hunger. Dies finde ich hintergründig im Sinne der psychologischen Wirkung, die entsteht, wenn Demeter straft. Dann entzieht sie das Nährende des Lebens, und der von ihr gestrafte Mensch erfährt sich von nun an unentwegt als getrieben und wird nicht mehr satt. So können Magersucht und andere Süchte mit einer zornigen Demeter und mit einer zornigen Mutter zusammenhängen, einer Mutter, die der- oder diejenige, die betroffen sind, als feindlich empfinden.

Einen andern, der sie in einer Situation, in der sie beleidigt wird, rächt, belohnt Demeter damit, daß er nie mehr Bauchschmerzen bekommt. Wir sehen, sie verfügt über den Bereich der Oralität und alles, was damit zusammenhängt. Die befriedigte und die nicht befriedigte Oralität unterstehen ihr und bedürfen ihrer Gunst.

Persephones Hades-Traum

Doch zurück zu Persephone: Sie gerät tatsächlich in die Unterwelt, die nun in irgendeinem Sinn ihrer Beziehungsphantasie entspricht, wobei die Mutter in ihr nun die Verlassene, die Untröstliche ist. Gerade wenn wir die Vorgänge um Hades auch subjektstufig als einen Vorgang in Persephone selber verstehen, wäre Hades zugleich eine Seite, ein Anteil ihrer selbst. Wir können die ganze Geschichte auch als einen Traum Persephones auffassen, den sie auf jener Blumenwiese unter dem betäubenden Duft träumt: Persephone wäre über der Narzisse eingeschlafen und hätte den folgenden Traum gehabt: „Die Erde tut sich auf, Hades raubt mich, und ich gerate hinab in sein dunkles, furchterregendes und faszinierendes Königreich. Zugleich verzehre ich mich nach meiner Mutter, bewahre mich für sie, gebe mich dem Hades nicht hin – bis er mich eines Tages wieder freigibt, zu meiner Mutter zurückzukehren. Doch heimlich steckt er mir, als ich schon im Gehen bin, einen Granatapfelkern zu, der süß und wundersam schmeckt und der mich an ihn bindet, so daß ich immer wieder zu ihm zurückkehren muß." Wenn man diesen Teil des Mythos als einen Traum Persephones versteht, kann man sich gut vorstellen, daß hier eine Beziehungsphantasie mit Hades vorliegt. Ob sie als eine Todesphantasie sich vorzustellen ist, wie in manchen der Fälle, die ich genannt habe (zum Beispiel die Phantasie vom Eingehen in ein geheimnisvolles dunkles Reich), oder ob es eine Phantasie vom Sterben ihres bisherigen Wesens als Mädchen ist, jedenfalls ist sie davon ergriffen, ist darauf eingegangen und damit wirklich der Mutter entnommen. Eine Beziehungsphantasie mit Hades wäre zugleich eine Phantasie nach dem Beziehungsmuster „Junges Mädchen und älterer Mann" (vgl. Verena Kast, Paare) und enthielte alles, was diese Beziehungsform charakterisiert: Der ältere Mann verkörpert in ihr die Erfahrung und Weisheit, die ein ganzes gelebtes Leben einbringt; das junge Mädchen die dynamische Lebendigkeit und Entwicklungsmöglichkeit.

Es ist eigentümlich, daß wir von Hades in der Mythologie letztendlich verhältnismäßig wenig erfahren. Man hört immer wieder von ihm als dem Herrn der Unterwelt, aber wer und was er nun eigentlich ist, wird eben doch nicht deutlich. Im Grunde ist er wirklich eine unbekannte Kraft, und es ist ein unbekanntes Land, in dem er herrscht, ein Niemandsland. So verschwinden ja diese Töchter, die von dem Mythos ergriffen sind, manchmal in irgendeinem seelischen Bereich, der schwer benennbar ist. Andererseits ist Hades oft identisch mit Pluto, dem Gott der dunklen Reichtümer, der große unterirdische Schätze hütet, die er den Seinen schenkt. Psychologisch enthält das Reich der Unterwelt auch einen weiten Bereich des Unbewußten, das ungeahnte seelische Schätze birgt. Persephone kommt mit ihnen in Verbindung durch die Begegnung mit Hades. Es ist sehr komplex, welche Gestalten aus dem Bereich des Mythos zur Unterwelt gehören: In jedem Falle gehört Hekate dazu, die alte Mutter. Sie ist dort unten von jeher zu Hause, war die ältere Gottheit der Unterwelt als Hades, und sie ist es auch, die schon weiß, was dort passiert ist, sie hat es gemerkt. Angesichts dieser Einsicht, daß Persephone um ihrer Initiation willen wohl oder übel doch dem Hades begegnen mußte, mag es – auch im Spiegel der Fälle, die ich geschildert habe – so erscheinen, als ob Demeter auch eine wachstumsverhindernde Kraft wäre.

Ich habe hier aber eine eher negative Auswahl von Beispielen problembeladener Mütter geschildert, eben deshalb, weil sie vor allem aus der therapeutischen Arbeit mit schwierigen Mutter-Tochter-Bindungen stammen. Da kommen einerseits die Töchter, andererseits die Mütter in Therapie, und jede von ihnen ist auf ihre Art mit Demeter verbunden. Immer aber suchen sie die Therapie in der Phase, in der sie sich in schmerzhaftem Getrenntsein voneinander befinden, noch vor der Phase der Wiederannäherung stehen und noch ehe sie begriffen haben, was dieser Raub und das Entrücktsein der Persephone für sie selber und für die Weiterentwicklung der Mutter bedeuten können. Die Phantasie der Tochter über ihre Mutter stellt sich in dieser Phase immer wieder so dar, als ob die Mutter rigide und festhaltend wäre, auch wenn sie früher durchaus als schenkend wahrgenommen wurde. Gerade weil sie von der festhaltenden Tendenz der Mutter weiß, nimmt die Tochter nun oft mit einem Schuldgefühl vorweg, was die Mutter fühlen wird, wenn sie sich von ihr entfernt, wenn sie zum Beispiel wegzieht, um einer Berufsausbildung oder einem Mann zu folgen; wenn sie einen Beruf wählt, den die Mutter nicht wünscht, oder einen Mann bevorzugt, den die Mutter nicht akzeptiert. Die Mutter hat in solchen Fällen oft noch gar nicht reagieren können, wenn sie bereits von ihrer Tochter auf ihre wahrscheinliche Reaktion hin festgelegt wird. Zum Beispiel bekommt sie dann gar nicht erst die Informationen über das, was ihre Tochter vorhat, sondern es wird ihr etwa erst von Amerika aus geschrieben, daß die Tochter dorthin geheiratet habe und ausgewandert sei.

Demeter als verhindernde Mutter

So kann sich Demeter subjektstufig gesehen darstellen: als eine Stimme in der Tochter selbst, die deren Entwicklung hemmende Impulse entgegensetzt, die festhält und warnt, und als die Stimme der Mutter in ihr, die über jede Trennungsabsicht der Tochter, über jede Verselbständigung so bitter klagt, bis sie von der Tochter die Zurücknahme dieses Schrittes ertrotzt. So trägt die Tochter die Mutter introjiziert in sich, und spätestens, wenn sie selber Mutter wird, spürt sie, wie stark die eigene Mutter in ihr verankert ist. Faßten wir den Einbruch des Hades als Traum und Beziehungsphantasie der Persephone selber auf, wie im letzten Gedankengang, dann wäre Demeter der hemmende Impuls in der Tochter selbst, der die Begegnung mit dem Mann, mit Hades, widerrufen möchte.

Ich denke nicht, daß es so aufzufassen ist, daß Demeter von vornherein die Festhaltende wäre. Sie wird erst anklammernd durch den Schmerz des Verlustes. In den frühen Jahren besteht die Mutter-Tochter-Dyade, die Symbiose, gleichsam in Unschuld: Bei jeder Mutter, die ein ganz kleines Kind hat, wird es so sein, daß sie sich überhaupt nicht vorstellen kann, daß dieses Kind je von ihr weggehen wollen könnte. Sie reflektiert nicht über eine mögliche Ablösung des Kindes, sondern gibt ihm alle

Wärme, die sie hat, und das Kind fühlt sich wohl, das Umgebensein von seiner Mutter ist sein ein und alles. Früh beginnt eine schrittweise Ablösung: keinesfalls erst in der Pubertät, sondern von Anfang an. Die Entwicklung des Kindes ist als ein ständiger Rhythmus zwischen Phasen der Verselbständigung und der Wiederannäherung an die Mutter zu verstehen. Stellen wir uns das Laufenlernen des Kindes vor: Da geht es zwei oder drei Schritte voran, um sich dann nach der Mutter umzudrehen und sich zu vergewissern, daß sie noch da ist. Beim nächsten Versuch geht es vielleicht schon vier Schritte voran und wendet sich dann desto angstvoller nach seiner Mutter um. Den Rhythmus dieser ersten Ablösungsversuche können wir auf das ganze Leben übertragen, auch wo es nicht mehr um die persönliche Mutter geht, sondern um mütterliche Menschen oder um Lebensbereiche, in denen wir uns wohl gefühlt haben. Immer wieder muß es Phasen der Ablösung geben, auf die aber auch das Gefühl der Zusammengehörigkeit, des Gewärmtseins wieder folgen sollen. Wenn die Entwicklungsschritte gelingen, kann sich ein erträgliches Gleichgewicht zwischen dem Selbständigkeitsbedürfnis und dem Geborgenheitsgefühl auch des erwachsenen Menschen einspielen. Den Rhythmus zwischen Ablösung und Wiederannäherung zu finden erfordert auch in der therapeutischen Beziehung großes Fingerspitzengefühl. Gerade als therapeutisch Arbeitende haben wir immer Anlaß, den Phasenwechsel in diesem Rhythmus zu bedenken; haben wir es doch häufig mit Menschen zu tun, die dazu tendieren, in den Hades hinabgezogen zu werden.

Aus der Perspektive des Mythos betrachtet, bedeutet das aber auch, daß wir gerade auch darin eine Entwicklungschance wahrnehmen, daß wir nicht nur schützend und verhindernd wie eine verschreckte Demeter-Mutter vor solchen Erfahrungen stehen, die unsere Patienten in ihren inneren Hadesfahrten eben auch machen können. Außerdem scheint es eine Tatsache zu sein, daß diese Mutter-Tochter-Dyaden, wenn die Zeit reif ist, von selbst gesprengt werden. Das ist das Schmerzhafte am realen und auch am geistig-seelischen Muttersein.

Neulich erzählte mir eine Kollegin von einer jungen Patientin, auf die sie so tief einging, daß sie sich in schweren Krisenzeiten sogar nachts von ihr anrufen ließ. Ausgerechnet diese Patientin hatte nun in einem Eklat die Therapie abgebrochen. Nachdem wir alles, was dabei mitgespielt haben könnte, durchgedacht hatten, zog die Kollegin den Schluß: „Ja, ich begreife, als Mutter muß man eines Tages sterben." Irgendwo geht die Zeit und der Entwicklungsanspruch des Lebens über jede dieser ganz engen Symbiosephasen hinweg.

Doch möchte ich am Beispiel dieser Kollegin noch einmal auf die Verzweiflung der Mutter Demeter zurückkommen, als ihr die Tochter genommen ist. Da springt sozusagen ein Funke des Hades auf sie selber über, sie wird selber in eine Depression und etwas Todesnahes hineingezogen. Es ist fast, als fände sich die Unsterbliche selbst von der Sterblichkeit berührt. Da ist sie die große Mutter Demeter, die all die großen Rhythmen des Lebens kennt und regiert, aber für sie selbst ist nun das Furchtbarste, daß ihr in ihrer Tochter ihre Zukunftsmöglichkeiten geraubt worden sind. Der Therapeutin wurde durch den Abbruch der Therapie die Zukunft dieser Therapie, die Heilungshoffnung für das Mädchen, zunächst geraubt. Ob wir es egozentrisch nennen oder nicht, es ist nur schwer zu vermeiden, daß eine Mutter, auch die seelisch-geistige Mutter, in der Tochter ihre Zukunftsmöglichkeiten sieht.

Für die Tochter hat dies einen ambivalenten Aspekt. Sie soll in diesem Sinne auch das ungelebte Leben ihrer Mutter leben, sie soll oft sogar über die Möglichkeiten der Mutter hinauswachsen, damit zugleich einen Teil des Lebens ihrer Mutter verwirklichen und weitertragen. Man darf aber nicht übersehen, daß damit auch etwas Positives an das Mädchen weitergegeben wird: Ich habe Töchter erlebt, die nach dem Tod ihrer Mütter auch immer von dem Impuls, daß ihre Mütter auf sie gehofft, ihnen etwas zugetraut hatten, lebten und unter dem Schutz dieser Hoffnung noch immer Hürde um Hürde nahmen, obwohl sie völlig auf sich selbst gestellt waren. Auch Märchen wie Aschenputtel, in denen das Mädchen von dem Baum, der auf dem Grab der Mutter wächst, alles Wesentliche für die Zukunft geschenkt bekommt, berichten hiervon. Es ist eindrucksvoll, was ein positiver Mutterkomplex in Gang setzen kann. Nicht weniger eindrucksvoll ist das, was ein negativer anrichtet: Er hinterläßt ein ewiges Schuldgefühl in der Tochter, daß sie den Erwartungen ihrer Mutter nicht gerecht werden könne, und er wirkt sich auch auf Dinge aus, die gänzlich ohne die Mitwirkung der Mutter zustande gekommen sind.

Der Verlust der Zukunft und das göttliche Kind

Bei Demeter ist es nun so, daß sie sich ihrer Möglichkeit, sich zu erneuern, beraubt sieht, als sie Persephone verliert, und zwar von etwas Männlichem, das ihr nicht zugänglich ist.

Was wäre das für eine Demeter, wenn sie hier nicht gezürnt hätte! Wie wüßten wir als Töchter, was wir an unseren Müttern haben, was den Müttern an uns liegt, wenn sie sich nicht gelegentlich so sehr über uns aufregen würden. Allein, daß sich eine Mutter über die Tochter aus der Fassung bringen läßt, zeigt auch, daß die Tochter zu ihrer Fassung gehört. Der Mythos legt nahe, es mitzuerleben: Demeter steht beim Verlust ihrer Tochter vor etwas völlig Neuem. Das ist auch für die persönliche Mutter so: Sie hat zuvor noch nie erlebt, daß ihr Kind, das sie zur Existenz gebracht hat, eines Tages ein eigenes Leben quer zu ihren Bedürfnissen und Erwartungen beginnt.

In dieser Situation muß Demeter eine panische Angst bekommen haben um das, was ihre eigene Zukunft betrifft. Ich denke, wir müssen sehen, daß immer zuerst die Angst vor der Wut steht. Demeter wird ja in dem Mythos erst wütend, nachdem schon vieles geschehen ist, nachdem man ihr nach der Tochter auch noch Demophoon, ihre männliche Entwicklungsmöglichkeit, den sie in ihrer Liebe unsterblich machen wollte, genommen hat. Vorher trauert sie, hat furchtbare Angst um das Schicksal ihrer Tochter und bekommt nirgendwo Auskunft über sie. Wir sehen hier zunächst das Bild einer lang anhaltenden Depression geschildert, die sich erst in dieser Wut und dieser Lust, alles kaputtzumachen, löst: Soll doch kein Mensch mehr Getreide haben, wenn ihr ihre Tochter genommen ist; sollen sie doch alle verhungern... Demeters Verhalten können wir an vielen Müttern wiederfinden. Denken wir an die eine Mutter, von der ich schon berichtet habe, die sich über der Entdeckung, daß sie ihre Tochter an einen jungen Mann verloren hatte, derart erregte, daß die Tochter es nicht mehr ertragen konnte und sich – natürlich war vieles vorausgegangen – aus dem Fenster stürzte. Demeters Verhalten stimmt mit den Trauerphasen nach Trennungen überein, die die psychologische Forschung in den letzten Jahren herausgearbeitet hat. Demeter befindet sich hier in der Phase der chaotisch aufbrechenden Emotionen, die den Sinn hat, alle Gefühle, die mit dem Verlorenen, mit der Tochter, zusammenhängen, noch einmal aufleben zu lassen, um die Essenz dieser Beziehung nach bestandener Ablösung auf neuer Ebene wiederfinden zu können. In diesem Sinne schließt sich unmittelbar an diese Phase die weitere des Suchens und Wiederfindens an (vgl. Verena Kast, Trauern).

Im folgenden berichtet der Mythos etwas Eigentümliches: daß Demeter in ihrer Destruktivität und in ihrem wilden Trotzen, in dem es ihr ganz egal ist, wer da alles mit hineingezogen wird, mit ihrem gewaltigen Zorn also Zeus selbst zum Einlenken zwingt. Zeus ist immerhin ihr Bruder. Es ist wichtig, zu sehen, daß Demeter in ihrem Zorn wächst, groß wird, sich in einen Tempel setzt und erst dann den Fluch, die Fruchtbarkeitsverweigerung ausspricht. Auch innerpsychisch gibt es Entsprechungen zu diesem Verhalten: Nach einer solchen Entmachtung, wie Demeter sie erlebt, pflegen wir ja – man nennt dies die narzißtische Wut – uns ganz stark aufzublähen. Bei manchen Müttern ist dies zu beobachten: Nach Vorfällen, in denen sie sich bedroht und entmachtet fühlen, stellen sie sich ganz mächtig hin und verlangen einen Tempel nach dem Motto: Du hast deine Mutter zu ehren!

Nachdem Demeter die Drohung, alles Leben verdorren zu lassen, ausgestoßen hat, hält Zeus, halten es die männlichen Kräfte nicht mehr aus – auch dies kann innerpsychisch interpretiert werden –, sie lenken ein. Es stellt sich die Frage, ob wir diesen Zeus in ihr nur als eine kontrollierende Instanz sehen sollen, die Demeter nicht einmal diesen Zorn erlaubt, oder ob hier der Bruder auch so etwas wie eine positive Stimme und Seite in ihr selbst ist, die zu bedenken gibt, ob es jetzt nicht doch mit der totalen Destruktion zu weit gehe. Karl Kerényi hat in seiner Nacherzählung des Mythos plastisch herausgearbeitet, wie Demeter in ihrem Schmerz und Trotz sich selbst völlig vernachlässigt, wie sie sich als alte Frau darstellt, als eine, die nach dem Verlust der Tochter in ihren eigenen Augen keine Zukunft mehr hat. Die Stimme des Zeus in ihr sagt ihr auch: „Nun laß doch wieder etwas wachsen in deinem Leben, laß doch das Korn wieder heraus!" Sie aber hört es nicht, solange sie es nur als eine Männerstimme versteht, sie kann die Botschaft erst annehmen, als sie von einer weiblichen Stimme, von Rhea, ihrer eigenen Mutter, ausgesprochen wird. Man darf diese Stelle sicher wörtlich nehmen, aber auch so, daß das größere Mütterliche in ihr selbst, das mit Gaia, der alten Erdmutter, verbunden ist, so in ihr spricht.

Der Prozeß schlägt nun von der Selbstdestruktion zur Konstruktion um, von der Selbstzerstörung zur Heilung. Wir erleben diesen Umschlag nicht selten innerhalb von therapeutischen Prozessen, wenn zum Beispiel jemand tief in eine Depression hineingegangen ist, sie durchlebt und ausgelebt hat, bis an irgendeinem Punkt, den man vorher nicht bestimmen kann, die Gegenkräfte einsetzen, gerade dann, wenn die Depression ausgeschöpft worden ist. Es ist, als wäre hier eine Emotion so tief auf den Grund gegangen, daß sie schließlich wirklich ausgelotet ist.

Die Schriftstellerin Ingeborg Bachmann beschreibt in ihrem Gedicht „Böhmen liegt am Meer" eine ähnliche Erfahrung. Es heißt darin:

Ich will nichts mehr für mich
Ich will zugrunde gehn.
Zugrund, das heißt zum Meer:
Dort find ich Böhmen wieder.
Zugrundgerichtet
Wach ich ruhig auf
Von Grund auf weiß ich jetzt
Und ich bin unverloren.

In den Bildern des Mythos ausgedrückt, muß Demeter das uralte mütterliche Wissen aufbieten, Rhea und Gaia zusammen, um akzeptieren zu können, daß die Trennung von der Tochter vielleicht doch im Sinne des Lebens ist. Es gehört zum Spiel der alten Gaia, daß jede Mutter das erleben und verstehen muß. Dazu gehört auch, daß Demeter einsieht, daß die Trennung von der Tochter auch im Sinne ihrer eigenen Zukunft wichtig ist. Wenn sie später einwilligt, daß ihre Tochter einen Teil des

Jahres bei Hades verbringt, dann rechnet sie von da an mit zeitweiligen Trennungs- und Einsamkeitsgefühlen, mit zeitweiligen Depressionen, und nimmt sie doch hin als zum Leben gehörig. In ähnlichem Sinne sollten wir es akzeptieren können, wenn wir als pflegende oder auch therapeutische Mütter erleben, daß etwas im therapeutischen Prozeß stagniert, wenn sich uns etwas entzieht, wenn eine Depression wiederkehrt. Oder wenn ich an das Abspringen einzelner aus der Therapie denke, manchmal, wie ich meine, gerade am brennendsten Punkt, dann frage ich mich auch immer, ob ich hier vielleicht zu stark Mutter war und ob ein Demeter-Persephone-Problem konstelliert ist. Wir müssen das Abspringen einer Patientin aus der Therapie nicht immer negativ nehmen: Manchmal ist ein Sättigungsgrad innerhalb der therapeutischen Beziehung erreicht, gerade wenn Wärme und Zuneigung in einer guten Übertragung und Gegenübertragung entstanden sind. Es wird dann auch wieder ein Stück Distanzierung nötig, damit die bisherige Klientin ihre Selbständigkeit wiedergewinnen kann, damit sie ihr Leben nicht nur durch die Therapeutin garantiert sieht. In solch einer allzu eng gewordenen Bindung muß man sich ja beweisen, daß man auch noch allein leben kann. Die Klienten, die in solcher Weise reagieren, sind fast immer Menschen, die nach kurzer Zeit wieder auftauchen und die Wiederannäherung suchen. In der Zwischenzeit mag und muß der Therapeut innerlich und äußerlich Suchwanderungen nach ihnen unternehmen. Es stellt sich dann häufig heraus, daß während der zeitweiligen Trennung etwas Wichtiges für die Entwicklung der Autonomie bei den entsprechenden Menschen geschehen ist. Und selbst wenn einmal jemand im Zorn die Therapie ganz abbräche, wäre zu fragen, ob nicht auch dort das Demeterproblem sich stellt: So müssen manche Menschen, die die Ablösung von der eigenen Mutter noch nicht vollzogen haben, bei der Therapeutin diese Aufgabe erneut in Angriff nehmen, in der Hoffnung, daß diese vielleicht nicht daran stürbe, während sie bei ihrer eigenen Mutter dessen nicht so sicher sein konnten.

Der Schmerz der Ablösung, aber auch der Sinn dieser Trennung und das Einander-Wiederfinden unter neuen Bedingungen wird in den eleusinischen Mysterien als ein zusammengehöriger Rhythmus dargestellt. Die Mysten gehen mit verbundenen Augen in das Dunkel der Trennung und des Herumirrens hinein, erleben real ihre Angst und ihren Schmerz – bis plötzlich ein Gong oder ein Schrei ertönt und sie dann erkennen, daß sich jetzt die beiden Göttinnen, die Mutter und Tochter verkörpern, wiedergefunden haben. Und nun kommt das Eigentümlichste an dem Ritual: Das Wesentliche bei der Wiederbegegnung der Frauen ist dies, daß sie angesichts eines neugeborenen Kindes geschieht. Dabei wird im Ritual nie genau benannt, wer nun eigentlich dieses Kind geboren hat, die junge Persephone oder die Mutter Demeter selbst: Jakchos (oder auch Brimos) wird dieses Kind genannt, und Jakchos gilt in der Mythologie zugleich als ein Kind der Demeter. Der Mythos will wohl gerade dies ausdrücken: daß sie nun beide ein Kind haben und daß, wenn die eine es hat, auch die andere Mutter geworden ist. Er will damit wohl vor allem sagen, daß Persephone selbst Mutter geworden ist. Indem sie Mutter geworden ist, kann die Wiederbegegnung mit ihrer suchenden und irrenden Mutter Demeter stattfinden, auf einer neuen Ebene jetzt, die nicht mehr die Tochter auf ihr Tochtersein fixiert. Die Zukunft hat sich vielmehr verwirklicht in der Vertreterin der neuen weiblichen Generation Persephone, die durch die Todestiefe hindurchgegangen ist. Doch offenbar weiß dieser Mythos: Der Granatapfelkern wird seine Frucht bringen, das ist unaufhaltsam. Das Ritual der eleusinischen Mysterien spinnt den Mythos hier weiter aus, bis hin zu der Geburt des Kindes, das letztlich, symbolisch gesehen, auch diesem Granatapfelkern entspringt.

Am Ende des Ritus also wird aus der Frau ein Knabe, ein neuer Vertreter des Männlichen geboren, und in dem Moment kommen die Frauen wieder zusammen. Es hätte hier ja auch ein Mädchen geboren werden können, aber der Mythos will es paradoxer. Vielleicht kann man es so verstehen: Seit Demeter auch ein Stück männliche Energie, Zorn und Selbstbehauptung, dafür einsetzte, um aus ihrer Depression und Destruktion zurückzukommen, wird in ihr etwas geboren, was man symbolisch als männlich bezeichnen kann. Das Männliche, bisher mit Hades in der Unterwelt, kommt hier auch für Demeter in die Oberwelt, tritt in ihr bewußtes Leben ein. Der Mythos wiederum versteht unter diesen Söhnen, die da geboren werden, gerade in der dunklen Nacht – auch die Weihnachtsgeschichte von der nächtlichen Geburt des Christuskindes gehört in diesen Zusammenhang –, schöpferische Entwicklungsmöglichkeiten für Demeter, Wandlungsmöglichkeiten, eben göttliche Kinder. Demeters Zukunft ist keine Frage mehr, so wenig wie Persephones.

Die Erlösung der dunklen Mutter

Psychologisch verstanden, kommt ihr durch dieses göttliche Kind vor allem auch die schöpferische Einsicht mitten im bisherigen Dunkel zu. Da nun die Tochter Mutter ist und auch die Mutter wieder eine Zukunft hat (es muß kein reales Kind sein, auch eine neu gefundene Lebensaufgabe wäre solch ein Kind), kann die Wiederbegegnung der beiden Frauen geschehen: Demeter begegnet in ihrer Tochter einer Gewandelten. Sie ist nicht mehr die alte Persephone, sondern eine neue, die ihre Individualität gegenüber der Mutter gefunden hat, zugleich die Identität mit der Mutter im Weiblichen. Dies alles aber ist nach unserer Fassung des Mythos nicht möglich gewesen ohne die Begegnung mit Hades. Persephone begegnet nach ihrer Rückkehr aus der Unterwelt auch einer gewandelten Mutter. Die schöne Zweiheit von Mutter und Tochter, die sich so sehr ähneln, erscheint rückblickend von einer Harmonie, die in dieser Form nicht bestehen bleiben konnte. Es fehlte ihr die Plastizität, die nur durch den Schatten, den das Dunkle wirft, zustande kommen kann, durch Aggression und Konflikt, und eigentlich wird Demeter durch die Entwicklung der Persephone erst gezwungen, sich plastischer zu zeigen, auch ihr negatives Gefühl herauszulassen, erst dies scheint die Entwicklung in Gang zu bringen.

In den Märchen gibt es viele Parallelen dazu: Die Märchenheldin muß da die andere, die dunkle Seite ihrer Mutter oder Pflegemutter, die in den schwarzen Frauen auftritt, zunächst realisieren und schließlich erlösen. Durch ihren eigenen Leidensweg, durch Todesgefahr hindurch, vermag sie die dunkle Seite der Mutter zu wandeln. Davon handeln das Märchen „Von der schwarzen Frau" oder das von dem „Mädchen des Schmieds, das zu schweigen verstand": Hier zeigen sich charakteristische Mutter-Tochter-Konstellationen, die in manchem derjenigen des Demeter-Persephone-Mythos gleichen, in denen die Heldin aber durchweg eine aktivere Rolle als im Mythos spielt. Das Mädchen ist zunächst scheinbar verlassen und ungeheuren Leiden ausgesetzt, oft durch die dunkle Muttergestalt selbst, doch indem es diesen Prozeß im Sinne seiner Entwicklung zur Frau durchsteht, nicht nur aushält, sondern mitgestaltet, geschieht es dann, daß auch die dunkle Frau von Tag zu Tag heller wird und zum Schluß als lichte erscheint. Dies würde psychologisch der Erfahrung entsprechen, daß man seine Mutter, die man eine Phase lang vielleicht nur noch verurteilen konnte, zum Schluß wieder in ihren beiden Seiten sieht und sie auch wieder die gute Mutter sein lassen kann, die sie natürlich auch war. Auch nach weiten Umwegen von Mißverständnissen und Entfremdungen kann es geschehen, daß eine Mutter, die ihrer Tochter viele Probleme in den Weg gelegt hat, zum Schluß doch wieder entdeckt werden kann als eine Frau, die schließlich auch eine Mutter hatte, vielleicht eine schwierige. Wir sehen sie dann im Zusammenhang der Generationen und einer Geschichte, die sie mit allen den Entbehrungen verbindet, denen Frauen in unserer Gesellschaft, in der patriarchalen Kultur überhaupt ausgesetzt sind. Dann erscheinen die Mütter unserer Mütter natürlich selbst als Opfer und keineswegs nur als Täterinnen.

In vielen Naturvölkern scheint die Symbiose zwischen Mutter und Tochter in den ersten Jahren sehr eng zu sein. Doch gibt es dort im Unterschied zu unserer Kultur Rituale, die den Müttern helfen, die Töchter wieder loszulassen. Ich halte für möglich, auch wenn ich keine Belege dafür habe, daß sich auch hinter dem Demeter-Persephone-Mythos ein altes Initiationsritual für Frauen verbirgt, daß eine frühe Form des Mythos und des dazugehörigen Kultes in Eleusis nichts anderes als eine Fraueninitiation darstellte.

Das dunkle Männliche als Problem der Frau

In unserer Fassung des Mythos ist es nun gerade die dunkle männliche Seite, die begegnet und die die Tochter von der Mutter trennt. Es ist ja nicht nur das Weggehen von der Mutter um eines Mannes willen als solches, sondern um des dunklen Männlichen, des Hades willen, das auf die Todesseite zu ziehen scheint. Es ist gerade die männliche Seite, die nicht ohne Gewalt in die Dyade zwischen Mutter und Tochter einbricht, die hier verkraftet und verarbeitet werden muß.

Wo es eine undifferenziert lichte und helle Seite gibt, da kann die Gegenseite nur dunkel und undifferenziert, nur brutal und gewalttätig erscheinen. Das eine bedingt hier das andere. Dann wäre in unserem Mythos das Weibliche zunächst überhaupt als das Helle und das Männliche als das Dunkle zu verstehen. Im Umkreis des Demeterkultes – Demeter mit ihren flachshellen Haaren verkörpert eine lichte Seite der Wirklichkeit – scheint der Einbruch des

Männlichen zunächst als etwas Gewaltsames, von unten und hinten Kommendes erlebt worden zu sein. Doch zeigt sich darin auch ein Problem der Frauen.

Spiegelt doch auch der Tierbräutigam in den Märchen nicht nur die Probleme der Männer, sondern auch die der Frauen mit der Sexualität, die sie selbst als tierhaft erleben. Bei einer bestimmten Einstellung, die sich eng am Mütterlich-Weiblichen festhält, wird häufig die erste Erfahrung mit Sexualität als chthonisch dunkel erlebt. Dies findet auch seinen Niederschlag in Märchen wie „Der Froschkönig" oder „Die Schöne und das Tier". Das Märchen „Der Froschkönig" ist, symbolisch und subjektstufig verstanden, nicht nur so zu interpretieren, daß hier ein ekliger Frosch statt eines Mannes der Königstochter nachstiege, sondern daß auch für sie selbst die Begegnung mit der Sexualität zunächst als etwas von unten Kommendes erlebt wird, das sie erst akzeptieren kann, wenn es seines primitiv-tierhaften Charakters entkleidet ist. Zuvor aber muß auch sie selber sich noch anders als bisher in die Begegnungsgeschichte mit dem Frosch einlassen. Es ist häufig so, daß Frauen, die mit ihrem Gefühl noch sehr an einen Elternteil gebunden sind, in ihrem Gefühl also noch gar nicht frei sind, Sexualität zunächst merkwürdig unpersönlich und abgespalten erleben. Dann wäre nur die körperliche Seite des Erlebens für eine neue Libidobesetzung frei, während die seelische Seite noch ganz von der Bindung an den Elternteil besetzt wäre. In dieser Situation kann die sexuelle Begegnung mit einem Manne nur als etwas sehr Animalisches und Chthonisches erlebt werden. Dies könnte sehr wohl auch das

Problem der Persephone sein, die da unter ihren lichten Blumen sitzt, als das Aufbrechen der Erde auch in ihrem eigenen Körper geschieht. Die Triebenergien ihres eigenen Körpers kämen darin zum Durchbruch und verbänden sich mit der Sehnsucht nach dem Mann, die nun eng verbunden wäre mit der eigenen dunklen Triebseite. Ich möchte doch annehmen, daß in die matriarchale Harmonie schicksalhaft noch etwas anderes einbrechen mußte, eine Kontrasterfahrung der Wirklichkeit, die nur durch den Durchgang durch die Unterwelt – in der hier das Männliche begegnet – erreicht werden kann.

Der Demeter-Mythos im Rahmen einer Therapie

Zuletzt will ich von einem Therapieverlauf berichten, an dessen Anfang und Ende Träume stehen, deren Motive sich unmittelbar mit denen des Demeter-Mythos berühren. Diese Träume zeigen noch einmal, wie aktuell unser Mythos sein kann. Es ist ein Fall, den mir eine jüngere Kollegin geschildert hat:

Eine junge Frau, Mitte Zwanzig, kam zu ihr in die Therapie. Sie war von ihrer Arbeitsstelle aus – sie ist in einem pflegerischen Beruf – in psychotherapeutische Behandlung geschickt worden, weil sie suizidal sei. Sie hatte bis dahin schon mehrere Male eine Überdosis Schlaftabletten genommen, ohne aber wirklich die Dosis zu riskieren, in der es lebensgefährlich geworden wäre. Es hatte sich also um Suizidversuche gehandelt, die die Umwelt aufmerksam machen sollten. In der ersten Therapiestunde beklagte sie sich vor allem über ihre Mutter, die sich wie ein verwöhntes Kind verhalte, für das man den ganzen Tag arbeiten könne, ohne es doch je zufriedenzustellen. Diese Mutter sei eine der größten Belastungen ihres Daseins, sie komme nicht mehr zu ihrem eigenen Leben. Es stellte sich immer mehr heraus, daß sie in Wirklichkeit dennoch sehr an ihrer Mutter hing.

In Kürze war es auch zu einer handfesten Mutterübertragung auf die junge Therapeutin gekommen. In diese Situation hinein traf der erste Traum, der die Analysandin heftig beunruhigte, weil sie nie zuvor etwas von solcher Intensität und Befremdlichkeit geträumt hatte:

Sie befand sich auf einer Frühlingswiese, da erschien vom Himmel herabkommend ein Gefährt. Der Wagenlenker riß sie mit sich fort und verschleppte sie hinab in die Erde, in der das Gefährt verschwand. Sie war nun in die Tiefe der Erde gebannt. Ihr einziger Trost war, daß sie von ihrer unzulänglichen Erdhöhle aus sah, daß ihre Therapeutin verzweifelt, sich die Haare raufend, durch die Unterwelt irrte.

Der Traum hatte sie in höchste Erregung versetzt, sie hatte Angst, verrückt, psychotisch zu werden. Die Traumbilder in ihrer grandiosen Archetypik muteten sie wie „von einer anderen Welt" an. Ihre junge Therapeutin nahm diese Ängste sehr ernst, prüfte sie und kam doch zu einer eher positiven Prognose, da sich die Bilder dieses Traumes so deutlich dem geschlossenen archetypischen Geschehen des Demeter-Mythos zuordnen ließen. Wenn der seelische Prozeß dieser Analysandin Parallelen zum

Demeter-Mythos aufwies, mußte er letztlich auch eine Tendenz zur Rückkehr der Persephone an die Oberwelt enthalten. Eine mütterliche Kraft war dann mitbeteiligt, die diese in die Unterwelt gerissene Tochter auch wieder würde herausholen können. Zum Glück war der Therapeutin bewußt, daß sie selbst inzwischen von der Analysandin in die Rolle der Demeter gedrängt, also in den Mythos mit hineinversetzt war. Sie ließ sich aber von dem Traum der Analysandin auch warnen, der ihr sagte, daß sie sich auf etwas nicht Ungefährliches einließe, wenn sie die Rolle akzeptierte, die die Patientin ihr zuwies: „Sei Demeter, sei diese Mutter für mich, die den ganzen bewohnten Erdkreis durchirrt, um mich wiederzufinden." Die Rolle der Demeter zugewiesen zu bekommen, das kann einen ungeheuer faszinieren und in seinen Bann ziehen; es ist dann fast unmöglich, diese Rolle, die auch sehr edel ist, nicht anzunehmen. Die Therapeutin versuchte, sich über Chance und Gefahr einer Demeter-Übertragung auf sie selber klarzuwerden, und bezog dann auch die Analysandin in dieses Nachdenken über die Parallelen zwischen ihrer Situation, ihrem Traum und dem Demeter-Mythos ein. Sie erzählte der Analysandin den Mythos, sie sprachen über den Mythos und kamen dabei ihrer therapeutischen Mutter-Tochter-Beziehung auf die Spur, auch den Motiven der Analysandin, sich immer wieder in den Hades der Suizidalität, der Todessehnsucht, hinabziehen zu lassen: Sie überließ sich heimlich auch deshalb diesem Sog, um dabei die Mutter beziehungsweise die Therapeutin richtig in Gang zu bringen, sie in Aufregung zu versetzen. Dies war für sie immer auch ein Motiv gewesen, mit dem Suizid zu spielen.

Die Therapie war eigentlich ganz gut angelaufen, trotz der im Blick auf die Mutterübertragung so nüchternen Therapeutin. Auf einmal jedoch blieb die Analysandin weg, erschien nicht mehr zu den verabredeten Gesprächsstunden. Natürlich kam die Therapeutin wieder in die Versuchung, die umherirrende Mutter zu spielen – ich kann nicht beurteilen, wie weit sie es dann wirklich tat –, jedenfalls kam nach einigen Wochen die Analysandin wieder und erklärte, sie habe es in der Zwischenzeit einmal mit einem Geistheiler versucht. Der Geistheiler war offenbar eine Animusfigur, die einiges mit dem Hades gemeinsam hatte, da auch er im Besitz von Kräften und Mächten aus der dunklen Tiefe, aus dem Herrschaftsbereich des Hades war. Der Geistheiler hatte sie aber doch nicht ganz zu überzeugen vermocht, die Sehnsucht nach der therapeutischen Mutter hatte sich wieder durchgesetzt. So konnte die Therapie ein Stück weitergehen. Nach einiger Zeit nahm die Analysandin – vielleicht weil die Therapeutin allzu nüchtern geblieben war – eine Überdosis Tabletten. Es ging noch eine ganze Weile im Wechsel so weiter – immer dann, wenn ihr die Therapie entweder zu schnell vorangegangen war oder wenn sie die Therapeutin innerlich zu verlieren meinte –, daß entweder ein Tablettenversuch oder ein Gang zum Geistheiler dazwischenkam, was immer hieß, daß die Analysandin aus der Therapie verschwand.

Ich habe der Therapeutin abnehmen können, daß es in diesem aufreibenden Prozeß für sie eine Hilfe war, den Demeter-Mythos zu kennen und darauf vertrauen zu können, daß hier eine Rettung aus dem Hades intendiert war: einerseits durch den Einsatz ihrer mütterlichen Möglichkeiten als Therapeutin, aber nicht weniger durch die eigenen mütterlichen Kräfte der Analysandin selbst, dank deren sie immer fähiger wurde, für sich selbst zu sorgen.

Die Therapie endete nach zwei Jahren mit dem folgenden Traum:

Es war wieder Frühling. Die Analysandin tritt aus der Höhle, ihren zweijährigen Sohn auf dem Arm. Draußen vor dem Eingang der Höhle begegnet sie ihrer Mutter, die ihr total aufgelöst erscheint, fast psychotisch. Sie ist darüber sehr betroffen, verwirrt, und weiß nichts anderes, als mit ihrer Mutter zum nahen Brunnen zu gehen. Dort nehmen sie von dem Wasser. Sie spürt, wie ihre Mutter dabei merklich wieder zu sich kommt. Das tröstet sie sehr. Damit wacht sie auf.

Wir erkennen auch in diesem Traum Motive aus dem Demeter-Mythos wieder, wenn auch eigenwillig umgeformt: Es ist da wirklich der Augenblick geschildert, in dem sie wieder aus der Höhle kommen kann, indem die Unterweltsphantasie sie endlich wieder freigibt. Zudem hat sie als Brimo den Brimos geboren und hält ihn im Arm. (Vgl. Kapitel vollzogener Mythos: Die eleusinischen Mysterien.) Oft gibt das Alter der in den Träumen erscheinenden Kinder an, wie lange eine innere Entwicklung schon im Gang ist; gerade wenn es sich im Traum um ein gesundes Kind handelt, zeigt dessen Alter eigentlich immer zugleich an, wie lange eine gute Entwicklung zu Neuem schon anhält. Hier deckte sich das Alter des Kindes genau mit den zwei Jahren der Therapie, die sich damit selbst als so etwas wie ein Kind für die Analysandin erwies. Doch indem sie wieder ans Tageslicht, ans Bewußtseinslicht kommt, begegnet ihr noch einmal ihre Mutter, in aufgelöstem, verwirrtem Zustand. Es ist also ein Mutterbild in ihr, auf jeden Fall auch ihr eigenes Mütterliches, das noch immer etwas sehr Irritierbares, Umherirrendes, etwas „Irres" enthält. Es bleibt ja, gerade wo eine negativ erlebte Mutter am Anfang stand, immer die große Frage: Werden wir lernen, uns als erwachsene Menschen selber Mutter zu sein, gut mit uns umzugehen, zu wissen, was uns gut tut, und es dann auch zu realisieren; zugleich die selbstzerstörerischen Kräfte bewußt einzugrenzen? In dem letzten Traum sehen wir, daß diese Mutter bis dahin noch immer in einem verwirrbaren Zustand war, daß mit ihr gemeinsam noch einmal ein Schritt getan werden mußte zu dem Brunnen hin – hier erkennen wir den Brunnen der Demeter wieder –, damit auch diese Mutter zur Ruhe kommen konnte. Aber erst nachdem die Tochter aus der Unterwelt heraustritt, also eine neue Bewußtseinsstufe erlangt, erkennt sie endgültig, wie es mit ihrer Mutter, ihrer Mütterlichkeit, bisher stand. Jetzt erst wird Veränderung in diesem Basisbereich ihrer Psyche möglich: durch die Berührung mit dem Lebenswasser aus dem Brunnen, dem Brunnen der Demeter. Hier schließen sich die Kreise. Das weibliche Selbst – ob als Gaia oder als Brunnen – wirkt mit und bewirkt den Durchgang des Mädchens Persephone durch die Unterwelt des Hades. Bei dem allem geht es um nichts anderes, als verwandelt wieder ans Licht der Oberwelt, die Welt der Mütter, zu gelangen: als erwachsene und der Mutter gegenüber selbständige Frau.

Der Demeter-Mythos zwischen Matriarchat und Patriarchat
Religionsgeschichtliche Perspektiven

Ich setze noch einmal ein und möchte in einem dritten Durchgang den Demeter-Mythos vor allem unter religionsgeschichtliche Perspektiven stellen.

Der Natur-Mythos

Demeter ist eine der am höchsten verehrten griechischen Göttinnen, sie ist Herrin der Fruchtbarkeit und des Wachstums, insbesondere des Ackerbaus und des Getreides. Als solche ist sie zugleich die mütterlichste unter den großen Göttinnen, die vor allem von den Frauen verehrt wird. Sie ist keine Göttin des ionischen Adels, dementsprechend wird sie in den homerischen Erzählungen nur selten erwähnt. An einer bezeichnenden Stelle der Ilias erscheint sie vielmehr als Bauerngöttin beim Dreschen auf der Tenne. Das Motiv der Entführung und Rückkehr der Persephone, aber auch schon das ursprüngliche Bild der Göttin selbst mögen auf die vorgriechische minoische Phase zurückgehen. Die volle Ausbildung erfahren Mythos und Kult der Demeter dennoch erst im Mutterland Hellas. Sie soll Griechenland über Kreta erreicht haben und in Thorikos in Attika gelandet sein. Die Kreter faßten nachweislich selbst in Attika Fuß; Eleusis („Ankunft") ist eine mykenische Stadt.

Mit den Erzählungen vom Raub der Kore und ihrer Wiederkehr verbinden sich die Vorstellungen eines periodischen Wechsels des Blühens, Absterbens und Wiederhervorkommens des Getreides im Frühling beziehungsweise im Herbst. Es ist dabei die Frage, wie wir uns das Ackerbaujahr in Griechenland vorstellen sollen. Die Feldfrucht verschwindet in Griechenland bei der Ernte im Frühjahr, glühende Hitze liegt während der Sommermonate auf den Flächen, bis endlich nach der Herbstaussaat die ersten grünen Spitzen wieder aus dem Boden hervorsprießen. Dementsprechend hätte man sich vorzustellen, daß die Tochter Persephone während des Sommers jeweils bei Hades in der Unterwelt wäre und erst im Herbst mit dem ersten Grün, der Wintersaat, wiederkehre. Man feierte dementsprechend die Wiederbegegnung der Göttinnen im September; die großen eleusinischen Feste fanden in diesem Monat statt. Danach wurde neu eingesät, so daß in Griechenland die Zeit der Dürre, unsere Winterszeit, eher der Hochsommer war. Damit wäre auch begründet, warum gerade das Wiederbegegnungsfest der Göttinnen im Herbst stattfand. Auch der Granatapfelkern, den Kore in der Unterwelt ißt, stellt ein Symbol der künftig wiederkehrenden Fruchtbarkeit dar. Die sieben Granatapfelkerne, die Persephone nach einer anderen Version zu sich nahm, stellten vielleicht die sieben Phasen des Mondes dar, während denen die Bauern auf die Getreidekeime warteten. Die Verbindung des alten Glaubens an die Wiederkehr des Lebens mit der bewegenden Gestalt der göttlichen Mutter, die verzweifelt nach ihrer Tochter sucht, verlieh dem Demeterkult eine besondere seelische und religiöse Tiefe.

Demeter zu Ehren feierte man im Monat der Aussaat überall in Hellas die sogenannten Thesmophorien — ursprünglich ein Fest der Frauen unter Ausschluß der Männer, bei dem es um die Fruchtbarkeit der Menschen ebenso wie um die der Erde ging. Mircea Eliade nimmt auch für die spätere Zeit zwei Festperioden an, die „Kleinen Mysterien", gefeiert im Frühling in Agra, sowie die „Großen Mysterien" im Herbst zu Eleusis. In Eleusis wird Demeter immer in Verbindung mit Persephone gefeiert. Man nannte Demeter und Persephone gemeinsam kurz „die beiden Göttinnen". Bei ihnen konnte man schwören.

In Eleusis ließen sich später — und das ist bedenkenswert — auch Männer in diesen urweiblichen Kult einweihen. Sie kamen in Frauenkleidern und identifizierten sich während des Kultes mit Demeter und ihrem Schmerz um die verlorengegangene Tochter; sie identifizierten sich also mit einem weiblichen Mysterium (vgl. Kerényi, Die Mysterien von Eleusis).

Es ist ein sehr geheimnisvoller Kult, der die griechischen Völker jahrhundertelang in seinen Bann schlug. Es scheint nicht nur um die Wiederbegegnung dieser beiden Frauen und Göttinnen zu gehen, sondern um ein umfassenderes Mysterium von Tod und Wiedergeburt. Wie kann diese Mutter die an Hades, den Tod, verlorene Tochter anders wiederfinden als durch den Tod hindurch? Doch findet sie ihre Tochter als Verwandelte wieder. Als die, die vom Granatapfelkern gegessen hat, ist sie eine andere und neue geworden.

Zugleich war der Kore-Mythos mit einer volkstümlichen Sitte verbunden, dem Begraben einer weiblichen Getreidepuppe bei Winteranfang, die jeweils im Frühjahr wieder aufgedeckt und sprießend vorgefunden wurde. Dies war bereits ein prähellenischer Kult gewesen, der aber bis in klassische Zeit hinein bekannt geblieben ist.

Schon Robert von Ranke-Graves sowie Karl Kerényi haben herausgearbeitet, daß die Göttin Demeter ursprünglich in dreifacher Gestalt erschien, eine Dreifaltige war, deren drei Personen alle in Demeter enthalten sind und selber Demeter darstellen. Der Name Demeter setzt sich wahrscheinlich aus Meter, dem griechischen Wort für Mutter, und der Silbe De, die aus dem griechischen Buchstaben Delta entstanden ist, zusammen: Delta aber bedeutet zugleich Dreieck. Ursprünglich trug die dreieinige Göttin die Namen Kore, Persephone und Hekate, wobei Kore für das grünende Getreide stand, Persephone für die reife Ähre und Hekate für das geerntete Korn. Es ist deutlich, daß sich ein Jahreszeitenmythos mit diesen Gestalten verband und daß erst alle drei Phasen zusammen den Kreis des ganzen Jahres, die ganze Demeter ausmachen. Der allgemeine Name der Göttin war Demeter, während der Name Persephone später auf die junge Kore – Kore heißt einfach „das Mädchen" beziehungsweise das „göttliche Mädchen" – übertragen wurde.

Die Ableitung des Namens Demeter ist nicht eindeutig. Im Lexikon der Antike – „Der kleine Pauly" – wird darauf hingewiesen, daß ihn schon die Antike als Komposition aus Meter (Mutter) und dem Bestandteil De, der nicht eindeutig geklärt ist, erkannte. Es ist eine Zusammenziehung aus Demo-Meter, Landes-Mutter, oder aus Do- beziehungsweise Da-Meter, Haus-Mutter, oder – mit Rückgriff auf ein vorgriechisches Lallwort – Da-Meter, Gä-Meter, die Erd-Mutter. Der Name Persephone wird wie folgt erklärt: indogermanisch: „die Ertragreiche"; pelasgisch: „reiche Jungfrau"; semitisch: „Fürstin des Nordberges" (das bedeutet Bezug zum Tod). In mykenischer Zeit werden Demeter und Persephone „die beiden Pferdegöttinnen" genannt.

Dem Demeter-Kore-Mythos liegt also ein Mythos der Natur im Kreise der Jahreszeiten zugrunde. Auf ihn möchte ich zunächst eingehen, anschließend wende ich mich der Frage zu, was der Kult beziehungsweise dieser Mythos mit dem Übergang von der matriarchalen zur patriarchalen Kultur zu tun gehabt haben könnte. Die Spuren dieses Übergangs sind wahrzunehmen, und insofern handelt es sich um einen besonders vielschichtigen Mythos, zeigt er doch eine Nahtstelle zwischen Matriarchat und Patriarchat auf, und zwar an einer Thematik, die eigentlich ins Innerste des Weiblichen gehört: die Mutter-Tochter-Beziehung. Er zeigt, was geschieht, wenn gerade hier das Patriarchat einbricht.

Wenn wir ihn zunächst als Naturmythos verstehen, so stoßen wir auf die zugrundeliegende Erfahrung, daß während eines Drittels des Jahres die Vegetation unter die Erde geht, bis sie schließlich wiedererweckt wird. Der Mythos stellt einen Versuch dar, diese Erfahrung als Gleichnis für den Rhythmus des Lebens überhaupt zu verstehen. In der ältesten Zeit wurden unseres Wissens auch die eleusinischen Mysterien vorwiegend als das Mitbegehen dieses Naturrhythmus verstanden, der für die frühen Menschen nichts von ihnen Unterschiedenes und Abgehobenes war, sondern etwas, was sie in engster Verbindung mit ihrem eigenen Leben vollzogen. Allein darin, daß in den ältesten Zeiten die Mysterien nur für Frauen zugänglich waren, zeigt sich, daß in jener Zeit der Frau die Durchführung des Ackerbaus sowie die Gestaltung des dazugehörigen Kultes oblag.

Der Konflikt zwischen Matriarchat und Patriarchat

Von hier aus interessiert gerade, wie sich in diesem Mythos der Übergang vom Matriarchat zum Patriarchat spiegelt. Schon Robert von Ranke-Graves ist der Meinung, daß die Erzählung von Kores Entführung durch Hades ein Teil jenes übergreifenden Vorgangs sei, in dem die hellenische Götter-Dreiheit Zeus, Poseidon und Hades nicht ohne Gewalt die vorhellenische dreifaltige Göttin Hera, Demeter und Kore gleichsam aufheiratet beziehungsweise an sich bindet (denn Demeter war nie verheiratet): Zeus also die Hera, Poseidon beziehungsweise Zeus die Demeter, Hades schließlich die Kore. Wir kennen vergleichbare Vorgänge aus vielen uns bekannten Mythen (vgl. Heide Göttner-Abendroth, Die Göttin und ihr Heros). Dieser Mythos bezieht sich zugleich auf die Übernahme der weiblichen Fruchtbarkeitsmythen samt den zugehörigen Kulten und Kulturen, zum Beispiel dem Ackerbau durch das Patriarchat. Demeters zornige Weigerung, die Menschheit weiter mit Früchten zu versorgen, kommt auch in anderen Versionen des Mythos vor: zum Beispiel in Inos Verschwörung, deren Ziel es war, die Ernte des Athanas zu zerstören.

Verfolgen wir diese Linie, so will Hades als Bruder

des Zeus Persephone besitzen; Persephone aber ist mit ihrer Mutter innig verbunden. Zeus selbst würde Persephone dem Hades gerne überlassen – so ist es in einem anderen Fragment des Mythos berichtet –, als Haupt der patriarchalen olympischen Götter hat er Interesse daran, die Tochter aus der engen Dyade mit der Mutter zu lösen, natürlich auch, damit es ihr möglich wird, dem Männlichen zu begegnen. Er versucht, das matriarchale Mysterium zu durchbrechen. Dies tut er offenbar vor allem Hades, seinem Bruder, und nicht Demeter, seiner Schwester, zuliebe. Da heißt es vielmehr ausdrücklich, es sei nur die Angst vor Demeters Rache, die ihn hindere, ihr die Tochter direkt für Hades abzuwerben. Statt dessen erlaubt er deren gewaltsamen Raub, etwas, was im Matriarchat unmöglich wäre und dementsprechend auch als etwas Unmögliches galt. Dort wurde der Mann in die matriarchale Zusammengehörigkeit hereingeholt und eng an die jeweilige Sippenmutter gebunden.

Wenn man nun aber die umherirrende Mutter Demeter betrachtet, stellt sich die Frage, warum die Göttin eigentlich nichts von diesen Vorgängen um ihre Tochter weiß oder wissen kann. Hier wird bereits ein Abstand, eine Distanz zwischen ihr und den Absichten der männlichen Götter sichtbar, beziehungsweise es zeigt sich, daß hier eine neue Göttergeneration am Werk ist. Es geschieht ein Einbruch, der offenbar zum ersten Mal erfolgt, der innerhalb ihres Gesichtskreises nicht vorstellbar ist, so daß sie um diese Vorgänge von innen her nicht wissen kann.

Demeter stellt den Mutterarchetyp in seinem nährenden und behütenden Aspekt dar. Sie ist diesem

Archetyp gemäß nicht diejenige, die in alle Bereiche der göttlichen Vorgänge hineinschauen könnte. Sie ist wie eine menschliche Mutter geschildert, die, ganz von ihrem bewahrenden und beschützenden Instinkt beherrscht, jedes Weggehen, jede Entfernung der Tochter als einen großen Verlust wohl auch ihrer eigenen Zukunft erlebt.

Nur die alte Hekate bemerkt etwas von dem Raub. Das Bild der Hekate hat in den verschiedenen Phasen der griechischen Religion ebenfalls viele Wandlungen erfahren. Sie war ursprünglich die Herrin der Toten und ist es auch geblieben. Sie ist eine Titanin aus der früheren Zeit der griechischen Gottheiten, die ihre Würde behalten hat. Und wie Persephone war sie zu ihrer Zeit die Herrin der Tiefen, die auch die Früchte und Schätze der Unterwelt hütete. Hekate ist den Kreuzwegen zugeordnet, an Kreuzungen des Schicksals begegnet man ihr, der Dreigesichtigen, zugleich ist sie Amme aller jungen Menschen.

Neben Hekate, die den Raub der Persephone bemerkte, weil sie selber zur Unterwelt gehört, bemerkt ihn auch Helios, der der Sonne zugehört, ein Alles-Wissender ist, selbst aber ein männlicher Gott. Nur diese beiden Göttergestalten, die einander polar gegenüberstehen, die eine dem Dunkel, die andere dem Licht zugehörig, haben etwas mitbekommen von dem geschehenen Einbruch des Chthonisch-Männlichen in Gestalt des Hades in die vorher geschlossene matriarchale Dyade zwischen Mutter und Tochter.

Es stellt sich hier nun noch einmal die Frage, was unter religionsgeschichtlicher Perspektive die Geschichte des Demophoon soll. Wer mit Mythen und deren Formen ein wenig vertraut ist, spürt, daß es sich hier um eine eingefügte Geschichte handeln muß, die mit der Begründung der eleusinischen Mysterien zu tun hat, speziell aber mit der Einsetzung von Kampfspielen zu Ehren des Demophoon. Es geht dabei aber wohl noch um mehr, wie ich in dem früheren Kapitel schon erwogen habe: Mutter Demeter trauert um ihre Tochter, die dem Hades anheimgefallen ist. Sie ist in Berührung mit Trennung und Tod gekommen, will beides nicht wahrhaben, kann, von den Göttern verraten, wie sie sich fühlt, nicht darüber hinwegkommen. So geht sie in ihrem Schmerz zu den Menschen, kommt ihnen nahe und bekommt von ihnen diesen Sohn anvertraut, den sie hütet wie eine Mutter, den sie aber allnächtlich ins wandelnde und läuternde Feuer hält. Es ist ein Kind der Menschen, das sie zu einem unsterblichen, einem göttlichen Kind emporläutern möchte. Stehen wir hier an einer Nahtstelle des Mythos, die zeigt, daß in die bisher rein weibliche Linie der Göttinnenfolge ein junger männlicher Gott aufgenommen werden soll, von Demeter selbst erwählt? Nach heutigem religionswissenschaftlichen Forschungsstand gab es in der frühen Zeit ausschließlich weibliche Gottheiten, der Mann war ihnen als dienender, liebender Heros zugesellt.

Es ist eigentümlich, daß sie einen kleinen Sohn anvertraut bekommt: Darf man in ihm auch den Träger des neuen männlichen Bewußtseins, das in Demeter selbst aufbricht, sehen, ein göttliches Kind, das nach der Tochter eine neue Entwicklung bringen kann?

An dieser Stelle möchte ich noch einmal nach dem Übergang vom Matriarchat zum Patriarchat zurückfragen, wie es sich in dieser Gestalt des Mythos spiegelt. Darin, daß Zeus überhaupt vorhanden ist, zeigt sich unübersehbar, daß wir mit unserer Version des Mythos bereits in der olympischen Zeit stehen; zu der Zeit war das Patriarchat bereits fest installiert. In diesem Mythos haben wir ein Zeugnis für die ersten Begegnungen zwischen den neuen Göttern und den alten weiblichen Gottheiten. Daß sich das Weibliche hier so heftig gegen den Einbruch des Männlichen wehrt, daß die Begegnung zwischen Persephone und Hades so stark als Einbruch empfunden wird, mag als Zeichen dafür stehen, daß der Mythos von dem schmerzhaften Übergang zwischen Matriarchat und Patriarchat berichtet, der zu der Zeit schon zurückliegt. Der Mythos stellt bereits den Versuch einer Integration dieser beiden mächtigen religiös-kulturellen Phänomene und Potentiale dar, und wir können uns fragen, was hier eigentlich aus dem Matriarchat geworden ist, denn es ist ja keinesfalls aus dem Spiel. Demeter ist älter als alle olympischen Götter. Der Ackerbaukult, dem sie als Göttin vorsteht, wurde seinerzeit ausschließlich von Frauen ausgeübt. Nach dem Einbruch des Männlichen wird nun eine Abmachung, eine Art vertraglicher Zustand hergestellt, der die Bedingungen regelt, unter denen Demeter überhaupt noch bereit ist, wieder etwas wachsen zu lassen. Dies bringt letztlich erst Rhea zustande, die Großmutter. Sie ist die große Mutter, die noch älteres Wissen über die möglichen Zusammenhänge des Lebens bewahrt als alle späteren Götter zusammen. Sämtliche anderen Unterhändler des Zeus weist Demeter ab. Das ist gerade in unserer Fassung lebendig geschildert, wie Demeter nach dem Raub der Tochter tobt und nicht mehr erlaubt, daß die Erde etwas trägt. Sie trotzt den neuen patriarchalen Gewalten, die da eingebrochen sind. Es ist interessant, zu sehen, daß Zeus allein wirklich nicht zurechtkommt. Er ist offensichtlich bei der Erhaltung des Lebens auf die weiblichen Gottheiten angewiesen, sonst droht das ganze Land zu verdorren. Er muß Demeter, die Mutter des Kornes, zurückgewinnen, muß unterhandeln, vermitteln. Daß das so schwierig ist, daß die Kluft zwischen matriarchalen und patriarchalen Gottheiten so kraß geworden ist, läßt darauf schließen, daß die patriarchalen Götter zunächst in einer Art Putsch die Herrschaft über die matriarchalen Göttinnen übernehmen wollten. Dabei drohte das ganze Land zu verdorren.

Dieser Vorgang ist auch in seiner Auswirkung auf die Religiosität der Menschen wahrzunehmen in dem Sinne, daß die alten Kulte, an denen die Herzen der Menschen hingen, die Kulte der Natur und der Mutter, nicht unterdrückt werden können, ohne daß dabei auch die Religiosität des Menschen Schaden nimmt oder gar erstirbt. Sie hat dann keine Nahrung mehr. Die Dürre, die am natürlichen Boden zu sehen ist, bricht dann auch über den seelischen Boden der Menschen herein. Im Alten Testament ist nachzulesen, wie das Wüstenvolk Israel, das im Gehorsam gegen seinen Wüstengott und dessen Propheten sich dem Kult der Göttinnen verweigern soll, in das Kulturland Kanaan kommt, in dem seit alters die weiblichen Gottheiten herrschen. Als aber die Israeliten diesen Boden zu bebauen beginnen, können sie bei dieser rigorosen Abspaltung nicht bleiben, sondern beginnen selber unter jedem grünen Baum der Himmelskönigin zu opfern. Der Bannstrahl der Propheten gegen diesen Kult irritiert in vielen von ihnen das religiöse Vertrauen überhaupt (Jeremia 44, 15–29).

Zeus also spürt, daß er auf die Göttinnen angewiesen ist, die über die Wachstumsvorgänge gebieten, die ihm nicht zugänglich sind. So entsendet er letztendlich Rhea, die die einzige ist, die zu helfen versteht; aber zunächst entsendet er Hermes. Hermes ist der Götterbote, der Gott des Übergangs und der Verwandlungen, auch der Tricks. Ihm verdanken wir immer wieder Quantensprünge innerhalb der Mythologie. Zeus will also tatsächlich jenes Attentat des Hades auf das Matriarchat rückgängig machen, er will nicht mehr das totale Patriarchat, sondern sendet Hermes als Mittler zu Hades, Hermes, der selbst viel vom Weiblichen hat und versteht. Hades, so legt es jedenfalls unsere Fassung nahe, reagiert keineswegs abweisend auf dieses Ansinnen einer Vermittlung, er hat offenbar deutlich genug erfahren und erlitten, wie wenig Persephone ihm als Gattin zur Verfügung steht, ehe das Problem mit deren Mutter gelöst ist. So gibt er sie frei, aber während sie schon im Gehen ist, tut er etwas Raffiniertes, indem er ihr unter der Hand – wie einen Reiseapfel gleichsam – einen Granatapfelkern zuschiebt. Indem sie von ihm ißt, wird sie an ihn gebunden. In einer anderen Fassung hat sie den Granatapfelkern bereits zuvor in aller Unschuld gegessen, und dem Gärtner bleibt es vorbehalten, den Göttern im entscheidenden Augenblick zu verraten, daß sie diesen Kern schon verzehrt habe, der sie für immer an Hades bindet.

Ein altes Mythologem besagt, daß man aus dem Totenreich nichts annehmen, daß man keine Nahrung von dort zu sich nehmen dürfe, wenn es einen nicht in dieses Reich wieder hinabziehen solle. Aber es ging noch um etwas anderes als um irgendeine Speise aus dem Totenreich: Ist doch der Apfel zugleich die Paradiesfrucht vom Baum des Lebens, der Liebes- und Todesapfel. Hier läßt sich eine Parallele zum biblischen Mythos finden: Die Frucht des Paradieses bewirkt das geschlechtliche Erwachen. Die Mythologie vieler Völker, allen voran der Griechen selbst, kennt den Apfel zugleich als Frucht der Unsterblichkeit. Auch der Granatapfel ist ein Eros- und Liebesapfel, und den hat der finstere Herr der Tiefe ihr noch zugesteckt, gerade als sie schon im Fortgehen war. Die Fassung des Mythos von Kerényi macht wahrscheinlich, daß Persephone gerade aus der Freude heraus, von Hades für die Rückkehr zur Mutter freigegeben zu sein, auf einmal in eine Beziehung zu ihm kommt – wahrscheinlich überhaupt zum ersten Mal. Also hat sie da unten bei Hades von der Sexualität gekostet, in der Beziehung zu dem Chthonisch-Männlichen, das die Frau zugleich mit dem Tod in Berührung bringt. Die uralte Symbolik, die Liebe und Tod nahe zusammenrückt, klingt hier auf. Es macht diesen Mythos hintergründig, daß wir in ihm – während wir doch auf seiten der Demeter stehen möchten – doch auch die Bedeutung jener Liebe des Hades zu Persephone nicht übersehen können, durch die die Tochter der Demeter etwas erlebt, was sie in eine bis dahin unbekannte dunkle Tiefe ihrer eigenen Seele führt und was sie nicht mehr aus ihrer Erfahrung löschen kann.

Besonders spannungsreich erweist sich der Mythos, wenn wir einbeziehen, daß es in ihm um einen Zusammenprall zwischen matriarchalen und patriarchalen Gottheiten ging, wobei das stolze Abblocken auf seiten der Demeter zunächst die einzig mögliche Reaktion auf den Übergriff der Götter gewesen zu sein scheint. Es wäre denkbar gewesen, daß die weiblichen Gottheiten sich von nun an völlig verweigerten, zum Beispiel den Acker niemals mehr bestellt und unter gar keinen Umständen den Ackerbau an die Männer weitergegeben hätten. Die Frauen haben offenbar den gewaltsamen Einbruch auch religiös erlebt, den Hades und die gesamte olympische Götterwelt über sie brachte. Sie haben sich möglicherweise lange auf ihren alten Kult zurückgezogen und sich dem neuen Kult der olympischen Götter verweigert. Und auch darüber verdorrte das Land. Wie gründlich Griechenland tatsächlich „verdorrte", landwirtschaftlich und kulturell, als das Patriarchat die matrilinearen Sippen samt ihrer Kultur verdrängt hatte, weist Ernest Bornemann (Das Patriarchat, S. 125 ff.) nach: „Die Schwierigkeiten der Anpassung lagen nicht nur in der Technologie der Landwirtschaft, sondern vor allem in der Tatsache, daß sich die historische Vorherrschaft des Mannes bei der Viehzucht einfach nicht mit der historisch gewachsenen Dominanz der Frau beim Feldbau vereinbaren ließ." Und weiter: „Bis es den Griechen gelang, die letzten Reste weiblicher Vorherrschaft in der Nahrungsproduktion zu zerschlagen, verging mehr als ein halbes Jahrtausend. Die Opfer, die diese Zeit sowohl von der einheimischen Landbevölkerung wie von den griechischen Einwanderern erforderte, sind einmalig in der Geschichte des Westens und stellen eine Anklage gegen das patriarchalische System dar, die selbst 3000 Jahre später nicht leicht aus der Welt zu schaffen ist." Bornemann kommt zu dem Schluß: „Alle von den matrilinearen Stämmen Vorderasiens, Kretas und der Kykladen gemachten Fortschritte der Nahrungsproduktion verschwanden auf dem griechischen Festland, als ob sie nie gemacht worden wären." Mit der eisernen Pflugschar, die längst erfunden war, starb die steinerne Architektur und wich wieder den mit primitivsten Werkzeugen errichteten Lehm- und Holzhütten. Dazu verschwand das geschriebene Wort, es herrschte wieder Analphabetentum.

Wie später das Volk der Indianer begannen auch die ägäischen Bauernfamilien nach der Zerschlagung ihrer freien matrilinearen Sippenverbände wie im Protest auszusterben, es kam von 1200 bis gegen 900 v. Chr. zu einer Einbuße von drei Vierteln der Bevölkerung.

An kaum etwas anderem sieht man es so scharf wie am kretisch-griechischen Mythos, daß das Patriarchat schon eine hochkultivierte Welt vorfand, als es sich entwickelte und auf die minoisch-griechische Welt überzugreifen begann. Es wird oft so dargestellt, als ob das Matriarchat zwar auch eine Kultur gehabt hätte, aber doch eher eine naturhaft-elementare. Es ist wichtig, immer wieder zu sehen, daß im Mittelmeerraum eine ausgebaute und differenzierte religiös-kulturelle Welt bestand, in die die olympischen Götter einbrachen. Es muß jedoch tiefliegende Gründe und Ursachen für jene religiös-kulturelle Umwälzung gegeben haben. Denn was will Hades, warum ruft die Unterwelt, das Chthonisch-Männliche, nach Persephone, wozu braucht es das Weibliche dort unten? Hat es Sehnsucht nach Licht, nach Weiblichem, nach Anschluß an das kollektive

Bewußtsein, nach Verbindung mit ihm? Offenbar ist es so. Das Patriarchat sehnt sich nach der Übernahme der älteren weiblichen Mysterien, die auch den Tod mit einbeschlossen.

Der Mythos endet damit, daß Demeter sich nicht mehr ausschließt, sondern sich beteiligt und mitspielt an dieser Vermittlung zwischen Hades und Persephone, Männlichem und Weiblichem, Unterwelt und Oberwelt, an der offenbar auch dem Erzähler Homer gelegen ist. Bezeichnenderweise steht das Männliche hier für die Unterwelt, ganz im Gegensatz zum modernen Bewußtsein, das die Unterwelt meist dem Weiblichen zuordnet.

Ein letztes: Persephone darf zwei Drittel des Jahres bei Demeter sein und verbringt nur ein Drittel des Jahres bei Hades. Im Grunde hat diese Mutter noch immer ein Übergewicht über das Männliche. Doch schließt der Mythos mit der Aussage, daß die Ackerbaukultur samt dem zugehörigen Kult von Demeter zuletzt selbst an die Männer und ihre Kultur weitergegeben worden sei. Diese Anordnung Demeters bildet die Kultätiologie dafür, daß Ackerbau künftig auch Männersache werden kann. Künftig bestraft Demeter die Könige, die ihre Kultur und ihren Kult nicht annehmen.

Was sagt der Mythos letztlich aus? Hat nun das Patriarchat das Matriarchat sich einverleibt, indem Persephone letztlich in den sauren – oder vielleicht doch süßen? – Apfel gebissen hat, oder hat hier andererseits das Matriarchat das jüngere Patriarchat sich erneut einzuverleiben gewußt? Während zwei Dritteln des Jahres ist Persephone bei der Mutter, und doch kann sie nun auch von Hades nicht mehr lassen. Dadurch, daß Hades Persephone am Ende freigab, hat er sie erst wirklich an sich gebunden. Bei diesem Freigeben steckte er ihr den Granatapfelkern als Liebesapfel zu, von dem sie ißt. So erleben wir es oft in menschlichen Beziehungen: Erst durch das Freigeben kommt die wirkliche Liebe auf.

Wenn wir dieses Phänomen wieder auf die kollektive Ebene übertragen, so bedeutet es: Erst wenn die älteren Rechte des Matriarchats voll gewürdigt und einbezogen wären, könnte das Patriarchat von den Frauen einigermaßen akzeptiert und von da an unter ihrer Mitwirkung einer neuen Kulturform entgegengeführt werden, die Matriarchat wie Patriarchat überwüchse, in einer neuen kulturell-religiösen Synthese, zu der unsere Zeit eigentlich reif wäre.

Demeter – Persephone – Heros: die matriarchale Gestalt des Mythos

Feministische Perspektiven

Die Grundthese von Robert von Ranke-Graves, die wir schon nannten, besagt: „Kores Entführung durch Hades ist ein Teil jenes Mythos, in dem die hellenische göttliche Dreifaltigkeit mit Gewalt die vorhellenische dreifaltige Göttin heiratet: Zeus die Hera, Zeus oder Poseidon die Demeter und Hades die Kore. Es bezieht sich auf die männliche Übernahme der weiblichen Fruchtbarkeitsmysterien in primitiven Zeiten" (Robert von Ranke-Graves, Griechische Mythologie). So schroff sah also schon Robert von Ranke-Graves 1955 die Machtübernahme des Patriarchats, der als ein Altmeister der mythologischen Forschung über jedem Verdacht steht, feministische Ambitionen gehabt zu haben. Er hat offenbar Heide Göttner-Abendroth, die ihn auch zitiert, bei ihren feministischen Forschungen zu diesem Mythos inspiriert. Sie war es, die diese These in ihrer Tragweite erfaßte und entfaltete.

Ich weise noch einmal darauf hin, daß unser Text, der von Karl Kerényi nacherzählte, der homerische Demeter-Hymnus ist, den er behutsam in Prosa übertrug. Es ist also eine späte Form und Fassung. Der Demeter-Mythos steht in der Form, wie Homer ihn überliefert, an dem Schnittpunkt zwischen matriarchaler und patriarchaler Religion und ist insofern für uns sehr aufschlußreich. In dieser

Gestalt wird er von einer feministischen Mythenforschung, die Frauentraditionen wieder aufdecken möchte, auch kritisch beleuchtet.

Der matriarchale Mythos

Heide Göttner-Abendroth bringt in ihrem Buch „Die Göttin und ihr Heros" eine Zusammenfassung des Demeter-Mythos, der sich zunächst nicht von dem unterscheidet, den ich vorgestellt habe; sie fügt ihm jedoch noch die Erzählung von Demeter und Jakchos bei, ein Mythologem, das Demeter den Sohngeliebten Jakchos zur Seite stellt. Hier wie auch sonst stellt sie jeweils die mythischen Paare zusammen, eine Göttin mit ihrem Heros. In ihren Forschungen über den frühen matriarchalen Mythos stößt sie immer auf eine Grundstruktur, eine dreifaltige Göttin, die sich in eine Jugendgestalt, eine Gestalt der Reife und eine Altersform gliedert, wobei sie unter drei Namen immer die gleiche bleibt. Ihr gegenüber ist der Heros, der Geliebte, den sie in ihrer Jugendgestalt erwählt, mit dem sie sich in ihrer reifen Gestalt in der Heiligen Hochzeit vereinigt, bis sie ihn zur Herbstzeit opfern muß für die Fruchtbarkeit des Landes. Sie folgt ihm ins Totenreich, wo er durch die Gestalt der weisen Alten bewahrt und zur Auferstehung vorbereitet wird, um im Frühjahr erneut wiederzuerstehen.

Heide Göttner-Abendroth findet diese Grundstruktur des matriarchalen Mythos auch hinter dem — in ihrer Sicht patriarchal umgeformten — homerischen Demeter-Mythos wieder und erläutert das matriarchale Verständnis der Demeter so:

„Demeter ist eine sehr alte, aus frühester Zeit stammende Göttin, deren triadischer Charakter vollständig erhalten blieb; denn Demeter ist zugleich Kore, das Mädchen; Persephone, die Nymphe; und Hekate, das alte Weib. Kore steht für das grüne Getreide, Persephone für die reife Ähre und Hekate für das geerntete Korn. Denn Demeter war eine Getreidegöttin, als Mutter Erde die Personifikation des Bodens, Schutzherrin des Ackerbaus und Fruchtbarkeit allgemein. Als Kore war Demeter die Frühlingsgöttin, unter deren Füßen Blumen aufblühten und frisches Gras wuchs. Beim Blumenpflücken wurde sie dann auch entführt. Als die Nymphe Persephone vollzog sie in den Kornfeldern die Heilige Hochzeit mit ihrem König, um die Fruchtbarkeit für dieses Jahr zu sichern. Im Herbst tötete sie ihn mit einem Donnerkeil, der Doppelaxt, um die Fruchtbarkeit für das nächste Jahr zu sichern. Nach großem Klagen stieg sie noch immer als Persephone in die Unterwelt hinab, um ihn dort zu suchen. Daß Persephone Gattin des Hades war, ist eine spätere Version.

Ein halbes Jahr weilte sie als Todesgöttin in der Tiefe und nahm alles Leben mit sich hinab. Jetzt war sie die winterliche Hekate mit den schrecklichen magischen Kräften, der Prototyp aller späteren Hexen. Im nächsten Frühling kehrte sie jedoch als strahlende Kore wieder. Der Raub der Kore und Demeters Suche nach ihr ist ebenfalls eine Verwirrung dieser so einfachen und einleuchtenden Geschichte. Demeter ist die matriarchale Vegetationsgöttin par excellence und spiegelt in ihren Gestalten den Kreislauf des Jahres. Wo immer Demeter hinkam, lehrte sie die Völker zu ihrem

Segen den Getreideanbau und den Umgang mit dem Pflug. Sie galt als sanft und liebevoll und voll unerschöpflicher Gaben wie die immer spendende Erde selbst. Ihre heiligen Könige unter mehreren Namen waren ihre Söhne, denn als Mutter Erde war sie die Mutter aller Lebewesen. Der Name Jakchos weist darauf hin, daß ihr typischer Heros Dionysos, Bacchus war. Sowohl Triptolemus wie Dionysos waren kindliche oder zumindest sehr junge Heroen, bevor Dionysos vergottet wurde. Dionysos galt als Sohn der Selene, der Mondgöttin, was nur eine andere Variante der Kore als weißer Mondgöttin ist. Gelegentlich wird auch Demeter direkt als seine Mutter genannt. Schon als Baby wurde er zerrissen und von seiner Großmutter Rhea mitleidig wieder zusammengefügt. Dann soll ihn Persephone versteckt und in der Unterwelt aufgezogen haben. Dies enthält aber das Herosmuster, denn nach der Heiligen Hochzeit mit der Nymphengöttin, einem orgiastischen Fest, wurde der jugendliche Heros in Gestalt eines Ziegenbockes von ihren wilden Begleiterinnen, den Mänaden, in Stücke gerissen. Aus seinem Blut sprang der Granatapfelbaum, der die klassischen Liebes- und Todesfrüchte trägt. Nach seinem Tode weilte er bei seiner Göttin unter dem Namen Persephone in der Unterwelt, wo er wiederhergestellt, das heißt für seine Wiederauferstehung vorbereitet wurde. Danach wurde er von seiner Mutter Demeter wiedergeboren, die ihn in ihrer Gestalt als Kore, als Geist des Frühlings, aus der Unterwelt heraufbrachte."

Aufhorchen lassen vor allem die Stellen, an denen Göttner-Abendroth die patriarchalen Umformungen des Mythos zu erkennen meint. Der Raub der Kore und Demeters Suche nach ihr wären demnach eine spätere patriarchale Zutat. Was würde sich im Gehalt des Mythos wandeln, wenn sie mit ihrem Vorschlag, der viel für sich hat, recht hätte? Es ist hier eine ganz andere Beziehung des Weiblichen zum Männlichen aufgezeigt; hier wird nicht von einem Brautraub berichtet, sondern von einer freien Liebeshingabe, einer Hochzeit: Als Persephone, die nun reife Frau, vollzieht diejenige, die im Frühjahr Kore hieß, auf den sommerlichen Feldern die Heilige Hochzeit mit einem von ihr erwählten Mann, dem Heros, der dann aber geopfert wird für die Fruchtbarkeit der Felder und aus dessen Blut der Granatapfelbaum erwächst. Demnach wäre der Granatapfelkern, den Hades besitzt und den er Persephone reicht, ein direkter Hinweis auf die Liebe und den Tod des Heros (der Granatapfelkern wird auch mit dem Blut der Heroen Adonis und Tammuz in Verbindung gebracht, aus denen er gewachsen sei), also auf die matriarchale Frühform des Mythos. Hades hätte dann die Rolle des früheren Heros übernommen, wenn auch in reziproker Vertauschung: Während der Heros sich dem Weiblichen hingab bis zum Selbstopfer, raubt Hades das Weibliche und macht es zum Opfer seiner Absichten. Um den Heros wird – so verläuft nach dieser Rekonstruktion der weibliche Urmythos – zutiefst getrauert. Persephone folgt ihm in die Unterwelt und ist in der Zeit des Winters, wo er sich als der Zerstückelte und Gestorbene dort unten befindet, bei ihm, bis er dann im Frühling auferweckt werden wird, wenn auch als Neuer, als

Verwandelter. Diese Form hält Göttner-Abendroth für den Grundtypus aller matriarchalen Mythen, die sie in der weltweiten Mythologie wiederfindet: ob in Ägypten, Sumer oder im keltischen Bereich. Wenn man sich einmal in diesen Urmythos eingehört hat, erkennt man ihn auch unter veränderten Formen immer wieder. Jedenfalls war der ursprünglich kretische Mythos von Demeter in diesem Sinne gestaltet. Für diese Version spricht auch der Name Persephone selbst. Er war, wie es scheint, ursprünglich der Name einer Nymphe, die sich dem heiligen König hingibt und ihn schließlich opfert. Der Name Hekate („einhundert") bezieht sich vermutlich „auf die hundert lunaren Monate seiner Regierung und auf die hundertfache Ernte. Des Königs Tod durch den Donnerkeil war im frühen Griechenland sein übliches Schicksal" (Ranke-Graves).

Kehren wir noch einmal zu dem Mythos zurück: Als Kore war Demeter die Frühlingsgöttin, zu deren Füßen die Blumen aufblühten. Soweit ist unser Mythos noch derselbe in der Fassung, die wir kennen. Beim Blumenpflücken wurde sie denn auch entführt. Hier stoßen wir auf die erste wesentliche Unterscheidung zwischen dem frühen und dem späten Mythos. Beim Blumenpflücken wurde sie entführt, doch nicht in die Unterwelt, sondern in die Kornfelder, wo sie als Nymphe Persephone die Heilige Hochzeit mit ihrem König vollzog. – Für sie gibt es im Laufe ihres Lebens mehrere Könige, das ist matriarchale Sitte: Jasios; Zeus, von dem sie den Sohn Jakchos hat; Poseidon, von dem sie eine Tochter hat. Dazu möchte ich einen alten Mythos von Persephone erzählen, der wohl auch aus Kreta stammt:

„Dem Titanen Jasios oder Jasion, in den sie sich bei der Hochzeit des Kadmos und der Harmonia verliebte, gebar sie Plutos. Trunken von Nektar, der auf dem Fest wie Wasser floß, schlichen sich die Verliebten aus dem Hause und lagen miteinander unter freiem Himmel in einem dreimal gepflügten Feld. Bei ihrer Rückkehr erriet Zeus aus ihrem Benehmen und der Erde an ihren Armen und Beinen, was geschehen war. Den Jasios, der es gewagt hatte, sie zu berühren, erschlug er mit einem Blitz."

Persephone vollzog, um die Fruchtbarkeit des Landes zu sichern, die Heilige Hochzeit und schließlich die Opferung des Königs im Herbst mit einem Donnerkeil, der kretischen Doppelaxt. Die kretische Doppelaxt besteht ihrer Form nach eigentlich aus den beiden Hälften des Mondes, gehört einem Mondkult zu und darf damit auch ursprünglich in der Hand der Frauen vermutet werden. Man könnte jetzt, wenn man den Blick an diesen Thesen schärft, aus der Axt, mit der Zeus in dieser Version den Jasion tötet, schließen, daß es ursprünglich gar nicht Zeus war, der den Jasion tötete – und auch, daß es keinesfalls aus Rache geschehen ist –, sondern die Königin selbst: Nach altem Ritual wurde der Jahreskönig für die Fruchtbarkeit des Landes hingegeben. Auch hierzu paßt der Namen Persephone als die, „die Zerstörung bringt".

Es gibt eine Parallele zu diesem Opfer im alten Mexiko, nur daß dort vielfach Gefangene als Opfer genommen wurden, während es hier als hohe Ehre galt, für die Fruchtbarkeit des Landes zu sterben. Darin lag das Heroische: daß ein männliches Wesen, ein Heros, bereit war, sich für die Fruchtbarkeit und den Fortbestand des Landes hinzugeben – übrigens eine Präfiguration des christlichen Mythos, in dem sich Jesus für das Heil der Menschheit opfert. Dieses Opfer geschah – soviel wir wissen – in innerer Übereinstimmung mit dem Heros, der es bejahte, jedes Jahr neu, später dann in Gestalt von stellvertretenden Opfertieren. Die Mythenforscher sind sich darin einig, daß es in frühen Zeiten die Opferung des Königs wirklich gegeben hat. Anschließend wurde im ganzen Lande laut um ihn geklagt, man klagte zugleich um die einsetzende Dürre der Felder, um das Versinken des neu eingesäten Samens in die Erde, und das Volk begleitete den königlichen Heros mit seiner Klage in die Unterwelt. So geschah es alljährlich innerhalb dieser Herbstrituale, zu denen auch die späteren eleusinischen Mysterien gehören. Rituell zog das ganze Volk gemeinsam mit dem toten König hinunter in die Unterwelt, allen voran Persephone, die ihren Heros liebt, ihn sucht und dann als Todesgöttin, als Hekate, mit ihm in der Tiefe weilt. Im Frühling kehrte sie dann als strahlende Kore wieder, gemeinsam mit dem wiederhergestellten jugendlichen Heros.

Es ist nicht zu leugnen, daß es den männlichen Heros, der in die Unterwelt geht und sich für die Fruchtbarkeit des Landes opfert, tatsächlich in vielen alten Kulturen gegeben hat, überall steht er im Dienste einer weiblichen dreiphasigen Gottheit, die im Grunde immer die eine ist, Demeter: immer die Göttin, die den Rhythmus von Frühling, Sommer und Herbst (Winter) oder Jugend, Reife und Alter verkörpert. Diese drei Phasen gehören zusammen.

Ein Vergleich der beiden Mythen

Fragen wir nun einmal nach dem unterschiedlichen Gehalt der beiden Mythen, dem matriarchalen und dem patriarchal überformten. Beim Vergleich der beiden Fassungen tritt stark hervor, daß in der frühen matriarchalen Fassung die Frau die eigentlich Handelnde ist, der Mann ihr zugeordnet, den sie erwählt, liebt und schließlich hingibt; den sie dann betrauert, dem sie in die Unterwelt folgt; während in dem späteren Mythos die Aktivität der Frau eigentlich nur noch in dem Zorn der Demeter, die schließlich die Fruchtbarkeit der Erde verweigert, zum Ausdruck kommt. Immerhin hat sie hier noch die Macht, nicht nur das ganze Menschengeschlecht auszurotten, sondern auch die olympischen Götter in ihrer Existenz zu erschüttern, wenn sie nämlich keine „Opferspenden" mehr bekommen. Hier ist sie noch die starke Frau, wie sie ursprünglich war. Sonst sind es die Männer, die männlichen Götter, die alles unter sich abhandeln. Freilich steht Gaia noch im Hintergrund als diejenige, die alle Fäden unauffällig in der Hand behält: ein Widerschein noch der matriarchalen Zeit, in der das Weibliche das umfassende Prinzip war. Die Gewaltsamkeit, die in der späten Version gegenüber Persephone eine Rolle spielt, ist dem früheren matriarchalen Mythos ganz fremd. Andererseits enthält er den Zug, daß hier der Heros getötet wird. Es bleibt auch hier die Frage, ob er dadurch nicht auch vergewaltigt wurde, wenn auch im rituellen Sinn und vielleicht sogar, wenn er damit einverstanden war.

Zentrum des matriarchalen Mythos ist das Ritual der Heiligen Hochzeit zwischen Demeter und ihrem

Heros. Von Demeter gibt es eine ganze Reihe von überlieferten Geschichten über solch eine Hochzeit zwischen ihr und dem Heros. Triptolemus zum Beispiel („dreimal wagend") ist der Name eines Heros, der ihm verliehen wurde, weil er es wagte, das Feld dreimal zu pflügen und die Weizenpriesterin zu lieben. Es war dies ein außerordentliches Wagnis zu der Zeit, als Demeter allein die Ackerbaukultur verwaltete. Diesen Heros weiht Demeter-Persephone jedoch als ersten in die Kunst des Ackerbaus ein. Es ist ein Fruchtbarkeitsritual, das sich übrigens auf dem Balkan bis in unsere Zeit hielt (Ranke-Graves): Die Weizenpriesterin gibt sich dem von ihr erwählten heiligen König zur Zeit der Herbstsaat hin, um eine gute Ernte zu sichern.

Das Ritual der Heiligen Hochzeit ist bei fast allen frühen Völkern, von denen wir Überlieferungen besitzen, nachzuweisen, ein Ritual, das natürlich nicht jedes Paar privat vollzog, allenfalls wurde es bei bestimmten Festen vom ganzen Volk gemeinsam im Rahmen eines Festes begangen. Im allgemeinen wurde die Heilige Hochzeit stellvertretend von der Königin und vom König, später von der obersten Priesterin und vom obersten Priester als den Repräsentanten der Gottheit einmal im Jahr vollzogen. Gewiß wurde in manchen Regionen zu Zeiten des Matriarchats die Heilige Hochzeit zwischen Mann und Frau auch im Tempel vollzogen, im Tempel der Großen Mutter, wo der ganze Liebesakt als religiöser Akt verstanden wurde. Sexualität und Religion waren nahe verwandt, beide heilig.

Interessant finde ich bei dem Vergleich der beiden Fassungen des Mythos auch die unterschiedliche Stellung der Personen im Totenreich. Im frühen

Mythos scheint ein Teil der weiblichen Ganzheit und Gottheit längst hier zu Hause gewesen zu sein: Hekate-Persephone waren schon früher als Totengöttinnen bekannt. Hekate empfängt hier den Heros anders, als Hades Persephone empfängt. Sie beherbergt ihn gleichsam. Hier ist es nicht so, daß das Weibliche in den Bereich des Todes erst eingeweiht werden müßte, sondern es ist von Zeit und Ewigkeit her hier zu Hause. Wer bei Hekate und in ihrem uralten Reich zu Gaste ist, ist vielmehr der Heros, das Männliche. Er ist es, der hier erst gewandelt und erneuert werden muß. Dachten wir im Zusammenhang mit der späten Fassung des Mythos darüber nach, was es bedeuten könne, daß die alte Mutter Gaia Persephone in die Unterwelt schickt, so gilt es hier über das Umgekehrte nachzudenken: Was mag es bedeuten, daß der Heros immer wieder ins Totenreich geschickt wird? Es ist wichtig, diese beiden Bilder aus den unterschiedlichen Versionen nebeneinander zu sehen: Im Blick auf den frühen Mythos mag uns eine Ahnung überkommen von dem alten weiblichen Zuhausesein in allen Bereichen der Erde. Es gibt den Unterweltsmythos auch noch als den des Orpheus, wo der liebende Mann der Frau folgt, allerdings keine Beziehung mehr zu ihr gewinnt, sie daher nicht mehr zurückholen kann, während Demeter ihre Tochter schließlich wiedergewinnt und Persephone ihrem Heros in das Totenreich entgegengeht beziehungsweise ihm folgt. Sie stirbt innerlich mit. Persephone ist hier die große Klagende, die ihn dort sucht und aufsucht. Ein Drittel des Jahres weilt sie jeweils als Todesgöttin mit dem Heros in der Tiefe und nimmt alles Leben mit sich hinab. Es ist auffallend, daß in der späteren Zeit offenbar das Verständnis für die Verwandlungen der Göttin nicht mehr vorhanden war, so daß nicht mehr verstanden wurde, daß ein und dieselbe Göttin die Frühlings- und auch die Todesgöttin sein könne und müsse. So wurde sie in verschiedene Personen aufgeteilt und gegenüber dem Tod ein Konflikt gestiftet. Gerade um eine Ahnung davon zu bekommen, was der Tod in weiblicher Sicht sein kann, hat diese frühe Version des großen Mythos uns heute viel zu sagen: Ich glaube, daß es heute unabdingbar wäre, vom Weiblichen, von uns Frauen her die Absolutsetzung des Todes in Frage zu stellen und dementsprechend dem radikalen Kampf gegen den Tod etwas von diesem alten Wissen entgegenzusetzen. Es geht heute ja bis in die medizinische Praxis hinein, daß der absolute Kampf gegen den Tod, sei es durch radikale Operationen, sei es durch einen Kampf gegen die Krankheit, auch noch über die Anzeichen des nahenden Todes hinaus, vieles an Menschlichem zerstört. Aber auch darin, wie wir den drohenden Gefahren eines Untergangs dieser Erde begegnen, erweist sich, ob wir die große alte Mutter Gaia auch heute noch in irgendeinem Sinne am Werk sehen oder nicht. Ich bin noch nicht davon überzeugt, daß wir dann, wenn wir uns an ihr orientierten und entsprechend handelten, unbedingt damit rechnen müßten, daß die Erde wirklich zerstört wird. Durch die Absolutsetzung des Todes wird viel Angst freigesetzt, die uns dann auch wieder manipulierbar macht, psychologisch und politisch. Das ist das eine, was mich an diesem alten Mythos immer wieder ergreift: die Weise, in der Werden, Sein und Vergehen in der dreifach-einen Gestalt der Göttin zusammengesehen sind.

Was natürlich nachdenklich macht, ist die Stellung des Heros im matriarchalen und andererseits die Stellung der Persephone im patriarchalen Mythos: Ist da nicht jeweils ein Stück Gewalt enthalten, auch wenn das von beiden Richtungen abgestritten und jeweils anders interpretiert wird? Dem Vorwurf, in dem Raub der Persephone durch Hades stecke ein Stück Vergewaltigung, wird entgegengehalten, daß Persephone letztendlich doch ihrer Bestimmung folge, wenn sie zu Hades geht. Andererseits wird immer wieder unterstrichen, daß der königliche Heros kein höheres Ziel habe kennen können, als sich letztlich zu opfern und opfern zu lassen für die Fruchtbarkeit des Landes. Auch ich habe vorhin mit Gründen in diese Richtung argumentiert. Doch kann hier gar nicht genau genug zurückgefragt werden. Ein Ungleichgewicht zwischen männlich und weiblich liegt in jeder der beiden Fassungen des Mythos vor. Drei Frauen stehen im frühen Mythos einem männlichen Wesen, dem Heros, gegenüber. Drei Männer stehen im homerischen Mythos den beiden Frauen gegenüber. Ich möchte in diesem Zusammenhang auch noch einmal zu bedenken geben, was es eigentlich psychologisch bedeutet, wenn wir uns innerlich mehr zu der einen oder der anderen Fassung hingezogen fühlen. Heide Göttner-Abendroth hätte den alt-neuen matriarchalen Mythos nicht so herausstellen können, wenn sie nicht selbst von ihm ergriffen wäre. Dazu bekennt sie sich in aller Bewußtheit.

Wir müssen mit der Kraft der Archetypen rechnen. Es scheint heute etwas konstelliert zu sein, was viele Frauen unter die Faszination dieses frühen Mythos geraten läßt. Das ist auch ein Grund dafür, warum ich ihn dem homerischen gegenüberstelle. Es geht mir nicht primär darum, die Hypothesen der Mythenforschung durch eigene Argumente zu stützen. Es geht mir vielmehr darum, diesen Mythos als eine seelische Macht wahrzunehmen und für heute neu zu bedenken. Man rechnet damit, daß die matriarchale Kultur etwa 4000 Jahre lang bestanden habe, während man der patriarchalen Kultur eine Zeitdauer von etwa 3000 Jahren zuschreibt. Patriarchale Kultur ist uns natürlich zugänglicher und vertrauter als die matriarchale, aber auch die matriarchale, zu der auch alle Männer jener Zeit gehörten, hat ihre tiefen Prägungen und Spuren bis in die Psyche heutiger Menschen hinein hinterlassen. Es ist bemerkenswert, daß in uns modernen Menschen überhaupt noch eine Erfahrungsgrundlage dafür besteht, daß beispielsweise Leben und Tod letztlich so zusammengehören, wie der matriarchale Mythos das sieht: Wir verdanken es dieser langen Menschheitserfahrung, die sich heute wieder stärker in uns aktualisiert. Es ist ein Phänomen, daß matriarchale Mythen einen großen Teil der jüngeren und auch der älteren Frauengeneration der Gegenwart ergreifen im Sinne eines lebbaren und wiederzubelebenden Mythos. Dies geht bis dahin, daß Frauen versuchen, Rituale wieder zu gestalten, Feste wieder zu feiern, Jahreszeiten bewußt zu begehen, weibliche Mysterien wie Menstruation und Geburt neu zu erfassen. Das Erregende an dieser Aktualisierung dieser frühen Gestalt des Mythos ist vor allem der Zugang zu der Rolle des Heros. Wir müssen uns, wenn wir diese Rolle zu verstehen suchen, immer wieder vor Augen halten, daß es diesen Heros, der als Jahreskönig geopfert wurde, wirklich gegeben hat. Wenn man sich dieser Tatsache verstehend annähern will, muß man mitbedenken, daß diese rituelle Tötung eine mythologische Spiegelung des real stattfindenden Todes der Natur zu Beginn einer jeden Winterszeit beziehungsweise in Griechenland einer jeden glühenden Sommerszeit darstellt. Das Gesetz des jährlichen Vergehens ist an der Natur abgelesen, in der das Korn aus der geschnittenen Ähre, der Same zur Winterszeit unter der Erde verschwindet. Auf dieser Erfahrung beruhen sicher die ältesten Formen des Mythos und Ritus. In alten Ritualen war es immer so, daß die Menschen bei dem, was die Natur tut, mitgewirkt haben: Wir wissen von den Azteken, daß sie tagtäglich die Bälle, die die Sonne symbolisierten, in die Höhe warfen, um der Sonne so den Aufstieg zu ermöglichen. Und auch da war es so, daß der Sieger, der mit dem Ball traf und somit der Sonne half, für das ganze Land Fruchtbarkeit zu bringen, anschließend geopfert wurde – und er wußte es. Es galt dennoch wohl als die höchste Ehre, der Sieger zu sein, auch wenn es bedeutete, geopfert zu werden. Es ging bei dem allem um mehr als ein Gleichnis, es war ein reales Mitvollziehen und Ermöglichen der Fruchtbarkeit. Die frühen Menschen lebten in der Überzeugung, daß ihre ganze Existenz zum Mitvollzug dieser göttlichen Mysterien gebraucht wurde. Es ist ein guter Gedanke, gebraucht zu werden, berufen zu sein. Wenn wir unseren Weg wissen und unsere Aufgabe kennen, dann sind wir heil, sind wir in vieler Hinsicht geheilt und von daher auch zur Selbsthingabe bereit.

Geopfert für die Fruchtbarkeit des Landes wurde in jener frühen Zeit nicht nur der Mann. Es ist überliefert, daß zum Beispiel bei den Azteken Frauen als Opfer für die Fruchtbarkeit des Landes in einen tiefen See gestürzt wurden. Es ist in den alten Quellen nachzulesen, daß sich diese Frauen von Kind an auf diese ihnen heilige Aufgabe vorbereitet haben. Es scheint nicht so gewesen zu sein, daß man diese Frauen mit Gewalt zu dem Opfer zwingen mußte, sondern sie waren dafür bereit. Es ist gewiß nicht so, daß diese Jahresopfer für die Fruchtbarkeit nur Männer betroffen hätten — auch dem Minotaurus auf Kreta wurden junge Frauen und junge Männer gemeinsam geopfert. Es geht überhaupt jeweils nur um den Mythos für das Königspaar, nicht etwa für die einzelnen Paare im Volk.

Aber in dieser Opferung des Heros sitzt der psychologische Stachel des frühen Mythos, der sich jeder vorschnellen Aktualisierung dieses Mythologems entgegensetzt. An dieser Stelle kann auch ein raffiniertes Mißverständnis des Mythos einsetzen, bei Männern wie bei Frauen: daß der Mythos als ideologischer Hintergrund für ein tatsächlich immer neues Hinopfern einer jeden Beziehung zwischen Mann und Frau gebraucht werden könnte, wie es sich für manche durch den Mann tiefverletzte Frauen darstellt. Sie können dann tatsächlich keine Beziehung länger als einen Sommer lang durchtragen, bis ihr Heros geopfert wird. Der entscheidende Unterschied zu dem alten Opfergedanken ist hierbei vor allem der, daß es hier keine überpersönliche Vorstellung gibt, die diesem Opfer einen Sinn gäbe. Ich meine zu spüren, daß etliche Frauen diesen Mythos, auch wenn sie es nicht gern zugeben wollen, ein Stück weit wirklich als ideologischen Hintergrund für ihre existentielle Praxis gebrauchen.

Andererseits kennen wir alle auch die Erfahrung, daß wir immer wieder bereit sein müssen, eine Kraft, die uns befruchtet hat – einen erfüllten Sommer oder eine erfüllte Phase unseres Lebens –, in der Form, in der sie zunächst gegeben war, wieder aufzugeben, hinzugeben, damit Neues entstehen kann. Darin liegt auch der Sinn dessen, daß treue Begleitergestalten wie zum Beispiel der Fuchs in dem Märchen „Der goldene Vogel" oder ein Mensch wie der „treue Johannes" am Schluß des Märchens plötzlich darauf dringen: „Bitte, töte mich." Der Held pflegt diese Bitte empört zurückzuweisen, er weigert sich, es komme nicht Frage, gerade den, der ihn durch alle Gefahren hindurch begleitet habe, umzubringen. Doch wenn er das Opfer verweigert, beginnt seine ganze Entwicklung wieder rückwärts zu gehen. Er muß dieses Opfer vollziehen. Hier sehe ich eine Analogie zu unserem Mythos: Es geht um ein Wissen um Lebensphasen. Die matriarchale Kultur war durchdrungen von dem Wissen um Rhythmus und Kairos, die rechte Zeit für eine bestimmte Handlung. Daß eine bestimmte schöpferische Möglichkeit – der männliche Heros –, auch das, was mir eine Zeitlang ein absolutes Ziel war, geopfert werden muß um der künftigen Fruchtbarkeit des Lebens willen, das ist der Sinn dieses Wissens.

Nun läßt sich vielleicht ohne jede Leichtfertigkeit der Gedanke doch vollziehen, daß es auch in unseren Beziehungen immer wieder geschehen muß, daß eine Form, eine Gestalt, die sie hatten, hingegeben werden muß, damit die Beziehung wandlungsfähig bleibt und sich erneuern kann. Auf jeden Fall sollte das innerhalb unserer Beziehungen geschehen können. „Eine Ehe ist eine Kette von Scheidungen", sagt Duss-von Werdt, der bekannte Züricher Eheberater, und er meint es positiv. Eine durchgetragene Beziehung ist für ihn eine Kette von Trennungen und Wandlungen, auch von Tötungen der Form, in der sie bisher bestanden hat. Wobei der Mythos sehr deutlich auch dieses ausdrückt: Wer dabei am meisten trauert, ist Persephone selbst, auch wenn sie diejenige ist, die Zerstörung bringt. Persephone ist in jedem Herbst untröstlich, geht mit hinein in die Depression, in die Unterwelt, in der der Heros verschwindet. Dennoch weiß sie, daß dies zu ihrem Weg gehört. Zu unserem Weg gehört immer wieder der Mut, eine Beziehung zu beenden und ganz neu anzufangen. Dieses Wissen ist in unserem Mythos mit enthalten, und die Frage ist dabei nur, mit welcher Differenziertheit wir das leben. Aber ich denke, daß keine und keiner von uns aus diesem Lebensgesetz heraustreten kann. Der Mythos ergreift gerade deshalb, weil er die Offenheit, die Freiheit mitgibt, alles bisher Gelebte aufgeben zu können, wenn es unfruchtbar wird: all die steril gewordenen Beziehungssituationen, die ungeheuer stark einengen können. Die moralischen Instanzen, die Trennung oder Scheidung von Beziehungen als absoluten Frevel hinstellen, sind gerade daran mitbeteiligt, daß es bei Beziehungskrisen häufiger zum Bruch als zur Wandlung kommt. Die Weisheit des Hades bestand ja immerhin darin, seine Frau freizugeben, als sie bei ihm nicht froh werden konnte – und da bekommt er ihre erste Zuwendung. Es hat für den Beziehungssektor eine große Wirkung, wenn wir uns diesem Mythos überlassen und wie wir uns ihm überlassen. Als Mythos spiegelt er nie einfach nur den Umgang von Menschen untereinander, sondern auch den Umgang eines jeden mit sich selbst, mit seinen eigenen inneren Anteilen, zu denen dann auch der Heros oder der Hades in uns selber gehört.

Man kann sich der Frage nicht entziehen, was es für den Mann psychologisch bedeuten würde, sich auf einen Mythos wie den von der Göttin und ihrem Heros einzulassen. Es ist für uns eine ungewohnte Vorstellung, so etwas überhaupt einem Mann zumuten zu wollen, und wenn ich lese, daß sich die Männer in den Demeter-Mythos einweihen ließen, und zwar in Gestalt der Demeter, zum Teil auch in weiblichen Kultgewändern, kommt mir das auf den ersten Blick sehr außergewöhnlich, fast etwas unnatürlich vor. Dabei versuchten wir Frauen uns innerhalb der christlichen Religion und Kultur jahrtausendelang mit Christus zu identifizieren.

Es ist nicht unwichtig, sich klarzumachen, daß die Demeter-Mysterien in ihrer Blütezeit das ganze Volk Griechenlands erfaßten, Männer wie Frauen. Nach heutiger Forschung war dieser Kult etwa 1500 Jahre lang lebendig, bis er 500 n. Chr., unter christlichen Kaisern, verboten wurde. Selbst römische Kaiser wie Gallienus ließen Gedenkmünzen zu ihrer Einweihung in das Demeter-Mysterium prägen, wobei sie sich einen weiblichen Beinamen wie zum Beispiel Galliena Augusta gaben. Man muß sich da einmal hineindenken, um zu spüren, wie andersartig es ist, welche anderen Möglichkeiten es öffnet, wenn das Gottesbild weiblich vorgestellt wird. In der matriarchalen Zeit ist es so gewesen, daß der Mann auch im Religiösen eine ganz enge Verbindung zum Weiblich-Mütterlichen behielt und dieses als die eigentliche Lebensmacht erfuhr.

Im übrigen bin ich nicht der Meinung, daß wir die

Befreiung aus unserer patriarchalen Prägung dadurch finden können, daß wir ältere Bewußtseins- und Lebensformen wie die des Matriarchats einfach übernehmen. Es ginge vielmehr darum, neue Formen zu finden, die Matriarchat und Patriarchat überwachsen: in denen nicht mehr Elternbilder wie Vater und Mutter, sondern das Schwester- und das Bruderbild, eine neue Geschwisterlichkeit von Frauen und Männern das prägende Paradigma abgäben. Zugleich ist es unabdingbar, nach einer so langen patriarchalen Periode die matriarchale Perspektive hervorzuheben, damit wir wieder einen erweiterten Horizont bekommen und als Frauen unsere ureigene Würde begreifen.

Wir sehen, daß jede der beiden Formen des Mythos ihre besondere Aussage hat, die auch für uns, die wir in unserer Spätzeit beide Mythen vor uns haben, bedenkenswert ist. Ich kann mich in vieler Hinsicht von der homerischen Fassung des Mythos betreffen und ergreifen lassen, in dem die Mutter um ihre Tochter, das göttliche Mädchen, leidet und ringt, die in eine so ganz andere Sphäre, die des Hades, hinweggezogen wird; deshalb möchte ich den homerischen Mythos nicht missen. Der frühe Mythos von der Göttin und ihrem Heros läßt uns andererseits die Dominanz des Weiblichen über das Männliche erleben, die uns unvertraut ist, die uns im Eigenen ermutigt und bestärkt, die aber auch eine Problematik enthält. In ihr wird das Männliche für das große Ganze des Lebens immer wieder geopfert und ist selbst bereit, dieses Opfer zu bringen.

Vollzogener Mythos: die eleusinischen Mysterien

Ich werde nun näher auf die eleusinischen Mysterien eingehen, die um den Mythos von Demeter und Persephone herum entstanden sind und die offensichtlich den älteren Mythos mit enthielten, den Mythos von der Göttin und ihrem Heros, den Göttner-Abendroth rekonstruiert. Robert von Ranke-Graves bezeichnet den Mythos als „erzählerische Kurzschrift kultischer Spiele, wie sie bei öffentlichen Festen aufgeführt wurden".

Die Mysten, Frauen wie Männer, identifizierten sich in diesem Ritual alle gemeinsam und auch als einzelne mit der Mutter Demeter. Kerényi schreibt hierzu: „Man verwirklichte die allgemeine Idee des Lebewesens, indem man in die Gestalt der Demeter eintritt, das heißt verfolgt, beraubt, ja geraubt wird, nicht versteht, sondern zürnt und trauert, dann aber doch zurückerlangt und wiedergeboren wird" (Jung/Kerényi, Einführung in das Wesen der Mythologie). Es geht in den Mysterien um nichts anderes als um den rituellen Mitvollzug des Mythos, um ein Ausschreiten des menschlichen Schicksals durch Verlust und Trennung hindurch, um das Umherirren und Nicht-weiter-Wissen, bis wir uns schließlich vom größeren Leben doch wieder aufgefangen fühlen.

Die Bekenntnisformel der Eingeweihten hieß:

„Ich fastete" – wir erinnern uns, daß Demeter neun Tage lang gefastet hat, als sie nach ihrer Tochter suchte; „ich trank den Mischtrunk" – sie hat einen besonderen Trank getrunken, ein Gebräu aus Getreide, vermutlich Gerste, mit Pfefferminz vermischt; „ich nahm aus der Cista, arbeitete damit, legte es dann in den Korb zurück und aus dem Korb wieder in die Cista." Der letzte Teil der Formel erscheint sehr rätselhaft, er muß sich auf die verschiedenen Tätigkeiten, die Demeter während ihrer Wanderschaft ausübte, beziehen.

Also nicht Gottes Kindschaft wie im Christentum, sondern göttliche Mutterschaft wird hier rituell nachvollzogen, mit ihr identifiziert man sich als Myste der Demeter. Der Myste tritt selbst in die Gestalt der Demeter ein, indem er wie die Göttin trauert und grollt, fastet, durstet und suchend umherwandert. Es war eine lange Wanderung, die die Mysten im Zustand des Fastens auf sich nahmen, bis sie an den „Ort des Wiederfindens", Eleusis, kamen. In das Mysterium der Demeter konnte sich damals jede und jeder einweihen lassen, der griechisch sprach und nicht mit Blutschuld beschwert war. Sonst gab es keine Ausnahmen während der hohen Zeit des Kultes. Es gibt Berichte über Männer, die im Purpurkleid der Göttin mit brennenden Fackeln in den Händen an der Suchwanderung teilnahmen. Das Fackeltragen gehörte immer schon zum Demeterkult, denn mit zwei Fackeln in den Händen irrte sie auch des Nachts umher, auf der Suche nach ihrer Tochter. Im ganzen wurde neun Tage lang gefastet, wie es auch Demeter getan hatte. Man vollzog also wirklich leiblich deren Suchwanderung mit. Vom 16. des Monats an begann der rituelle

Aufbruch damit, daß man „die Eingeweihten" zusammenrief. Daraus, daß es bereits Eingeweihte gab, schließt Kerényi, daß es zuvor schon und lokal verschiedene kleine Einweihungen gegeben haben könnte, daß sich also die Leute schon vor dem Beginn des großen Demeter-Rituals auf dieses vorbereitet hatten. In Agra zum Beispiel, einem Vorort Athens, hat man kleine Plätze und Tempel gefunden, die den kleinen Einweihungen dienten. Es ging dabei um ein Reinigungsritual. Man ging offenbar mit verbundenen Augen in die entsprechenden Räume, in denen diese Rituale vollzogen wurden, hinein, ließ sich führen und erlebte dabei, wie es war, wenn man die Aktivität einem andern überließ. Es war besonders die „unterweltliche Persephone", die Totenkönigin, zu der diese Einweihung hinführte. Der Kopf der Einzuweihenden „wurde auf dieselbe Weise mit Finsternis umgeben, wie Bräute und den Unterirdischen Geweihte im Altertum verhüllt wurden... Die Passivität der Persephone, der Braut und der dem Tode Anheimfallenden wird durch einen inneren Akt – wenn auch nur einen Akt der Hingabe – nacherlebt" (Kerényi, Die Mysterien von Eleusis). Dieser Gang ins geheimnisvolle Dunkel endet mit dem Aufleuchten eines Lichtes. Wahrscheinlich waren diese kleineren Einweihungsrituale, von denen Kerényi berichtet, ältere Formen des Kultes, die, lokal verankert, später dem großen Ritual einverleibt wurden, als Eleusis zu dem zentralen Ort geworden war, an dem ganz Griechenland zusammenströmte. Am ersten Tag begann das Fest im Eleusinion von Athen, wohin am Vorabend die geheiligten Geräte aus Eleusis überführt worden waren. Die eigentliche Liturgie dieser rituellen

Suchwanderung beginnt also mit dem Zusammenrufen der Mysten, der Eingeweihten, im ganzen Land, indem der Ruf erscholl: „Mysten ins Meer!" Allesamt nahmen sie zuerst ein Bad im Meer, an der Küste in der Nähe von Athen, und weihten sich damit bereits dem Mütterlichen in dessen ganz ursprünglicher Form: dem Meer, dem Unbewußten, der Tiefe. Dabei wurden auch Ferkel, die der Demeter heiligen Tiere, mitgebadet und anschließend der Demeter geopfert. Aber das war nur das Vorspiel des großen Rituals. (Es besteht auch die Ansicht in der Forschung, daß es bei den eleusinischen Mysterien zwei Festperioden gegeben habe: 1. die „Kleinen Mysterien", gefeiert im Frühling in Agra, die als Vorbereitung der großen Mysterien dienten – durch Fasten, Reinigung und Opfer – und 2. die „Großen Mysterien" in Eleusis, die im Herbst begangen wurden.)

Zwei Tage verbrachten sie mit diesen Reinigungen am Meer, und am 19. des Monats Boedromion brach die Prozession auf. Zehntausende von Menschen umfaßte dieser Zug. Oft wurde er von Außenstehenden, von Gästen aus anderen Völkern, beobachtet, und es wurde berichtet, daß sich die Griechen selbst in Kriegszeiten diese Prozession nicht nehmen ließen. Auch die Bekleidung der Teilnehmer an diesem Zug war ungewöhnlich: Alle trugen eine Kleidung, die man für weite Reisen anzulegen pflegte, hatten Wanderstäbe in den Händen; die Männer führten Säcke, Kannen und Körbe mit, die Frauen trugen Gefäße auf dem Kopf, vermutlich, um das Getreide der Demeter und die Zutaten zu jenem Mischtrank dabeizuhaben, von denen der Mythos berichtet. Man schmückte sich bei der Prozession mit Myrtenzweigen und trug Sträuße von Myrten bei sich. Die

Myrte gilt als eine Pflanze der Aphrodite — sie war eine Pflanze der Toten, zugleich eine der unverwelklichen Pflanzen, die für Unsterblichkeit stehen.

Das ganze Volk zog so gerüstet in einem Fackelzug von Athen nach Eleusis, um dort schließlich an der Telete teilzuhaben, dem Ziel der Begehung zu Ehren der Demeter. Der Höhepunkt des Rituals fand dann im Telesterion, dem großen Kultgebäude, statt. Erreicht war das Ziel der Suchwanderung erst, wenn die Epopteia, die große Einsicht, der große Durchblick gewonnen war. Die Epopteia wurde nur selten schon bei einer einmaligen Teilnahme an dem Ritual erreicht, vielmehr zog man möglichst jedes Jahr nach Eleusis. Frühestens beim zweiten Mal konnte man voll erleben, worum es dort eigentlich ging. Damit ist nur gesagt, in welcher Ernsthaftigkeit nach der großen Einsicht gesucht wurde.

Die Griechen nennen das, was sich in Eleusis abspielte, eine Dresmosyne, eine Zeigehandlung, die durch Hierophanten, solche, die die heiligen Geheimnisse aufzeigen konnten, durchgeführt wurde. Ursprünglich waren diese Hierophanten Frauen, später übernahmen auch Männer dieses Amt. Daneben gab es noch einen Daduchen, einen priesterlichen Fackelträger, der die Rolle des Lichtbringers übernahm.

Man mußte ins Dunkle gehen, um Persephone wiederzufinden. Der Gang ins Dunkle gehörte ohne Zweifel zu diesem Ritual, doch kann man die einzelnen Schritte und die Abfolge des Rituals heute nicht mehr mit Sicherheit rekonstruieren. Wir haben nur von einzelnen Teilen dieser Liturgie Kenntnis erhalten. Es war zudem zu der Zeit, als die Mysterien noch begangen wurden, streng verboten, über sie zu sprechen. Es wurde strikt geahndet, wenn jemand etwas über den Vollzug des Rituals ausplauderte. Auch deshalb müssen wir uns bis heute mit Andeutungen und geheimnisvollen Hinweisen der Zeitgenossen begnügen.

Ich folge weiterhin der Rekonstruktion des Rituals durch Kerényi. Aus großer Dunkelheit heraus erscholl auf einmal ein Gong; es war wohl einer jener langanhaltenden und stark vibrierenden Gongs, die wir auch in indischen oder tibetischen Ritualen kennen. Es wird berichtet, daß es war, als donnere die Erde, wenn der Gong ertönte. In unmittelbarer Verbindung mit dieser Gongvibration erhob sich der Ruf nach Persephone: „Persephone, erscheine!" Forscher wie Kerényi halten für möglich, daß in diesem Moment visionäre Erfahrungen gemacht wurden, daß Persephone wirklich in Erscheinung trat. Man muß sich vorstellen, wie man da im Dunkel stand, wie einen die ungeheuren Schallwellen, die wie aus der Tiefe der Erde zu kommen schienen, überströmten, die auch den eigenen Körper ins Vibrieren brachten. In dieses Erlebnis hinein erscholl der Sehnsuchtsruf nach Persephone. Da war es schon möglich, daß man sie in diesem Augenblick wirklich vor dem inneren Auge erscheinen sah: Es war eine erschütternde und bedeutsame Schau, in der diese Menschen der Göttin des Todes, der Tochter der Lebensmutter Demeter, Auge in Auge gegenüberstanden, sie erfuhren. Es war alles andere als ein Bühnenspiel, was sich hier abspielte – von dem ja die Griechen durchaus viel verstanden und hielten –, aber es ging hier um anderes, um mehr, um ein existentielles Mitvollziehen des Rituals. Am ehesten wäre es noch mit dem inneren Mitvollzug einer christlichen Osternachts-Messe zu vergleichen.

Auch rituelle Tänze müssen stattgefunden haben. Ein Hinweis darauf ist der Warnung zu entnehmen, die eleusinischen Geheimnisse niemals vor Uneingeweihten „auszutanzen". Der Ausdruck für „ausplaudern" hieß also im Blick auf die eleusinischen Mysterien „austanzen". Man sollte das, was dort geschah, unter keinen Umständen aus dem Kreis der Zugehörigen hinaustragen.

Zum Kult von Eleusis gehört auch ein Brunnen, von dessen Funktion wir noch hören werden. Wir erinnern uns an den Brunnen im Mythos, an dem die trauernde Demeter saß, ehe sie zu den Menschen ging. Vor dem Brunnen in Eleusis finden sich heute noch Spuren eines alten Tanzplatzes. Die Tanzplätze in Griechenland und Kreta waren mit schönen Labyrinthzeichnungen versehen, die den Tänzern die Wege und Grundfiguren ihres Tanzes vorgaben. Reste eines solchen Labyrinths finden sich also auch hier. In riesigen Kreisen sind solche Tanzfiguren ausgeschritten worden, die sich in der einen Phase auf das Kreisinnere zubewegten, um in der anderen von innen wieder nach außen zu führen. Man berichtete von einem Tanz, der neun Tage lang gedauert habe – es war also eine fast unendliche Tanz- und Schreitbewegung, die hier vollzogen wurde. Sie führte ins Zentrum und schließlich wieder aus diesem heraus.

Tänze, wie der überlieferte Kranichtanz der Griechen, sind späte Nachfahren jener altgriechischen Kulttänze, die zu Ehren der Muttergottheit ausgeführt wurden. Im Kranichtanz spielt der Faden der Ariadne eine Rolle; sie selbst war natürlich ein kretischer Anteil der dreifaltigen Göttin, und zwar diejenige, die wußte, wie man in die Unterwelt hineingerät und wie wieder heraus und wie man dabei das Wertvollste des Lebens erkennt. Später sah man die Bedeutung dieses Tanzes darin, die Jungen und Mädchen, die dem Minotaurus hatten geopfert werden sollen, wie am Faden der Ariadne wieder aus dessen Labyrinth zu befreien. Alle die Kräfte, die da unten verschollen waren, wollten im Frühling wieder befreit und „herausgetanzt" werden.

Dieser Tanz kann aber auch eine Erinnerung daran darstellen, daß man eines Tages wirklich über die Menschenopfer hinausgewachsen war. Jetzt brachte man diesen Tanz statt der Opfer für die Fruchtbarkeit des Landes dar. Es war der Sinn dieses Frühjahrtanzes, all die jungen Menschen, die da als Opfer des Minotaurus im Schlund der Erde waren, wieder auszulösen, zu erlösen. Zuerst mußte man hineintanzen, um sie überhaupt zu finden und dann gemeinsam mit ihnen heraustanzen zu können. Alle Tänzer und Tänzerinnen vollzogen diese Bewegung, diesen Weg mit, es war dies kein anderer als der Weg der Persephone oder auch der Demeter.

Labyrinthe befinden sich überraschenderweise sogar noch in christlichen Kirchen, zum Beispiel in der Kathedrale von Chartres. Hier ist es in den Boden vor dem Altar eingelassen. Es wird überliefert, daß bis ins hohe Mittelalter hinein auf diesen Linien, die man in Mosaiktechnik in die Kirchenböden gelegt hatte, Ostertänze stattfanden, zu denen auch Bälle gehörten, die einander zugeworfen wurden. Uraltes symbolisch-rituelles Gut, das aber immer schon mit dem Ostermysterium von Tod und Auferstehung zu tun hatte, ist mit diesen Labyrinthen bis in die christlichen Kirchen hineingewandert. In der späteren aufgeklärten Zeit wurden diese Ostertänze auf dem Labyrinth verboten mit der Begründung, es handle sich dabei um Kinderspiele, die Unruhe in den gottesdienstlichen Raum brächten. Man hat den Sinn dieser Tänze nicht mehr verstanden. Manchmal hat man in der Mitte dieser christlichen Labyrinthe aus historischer Treue den antiken Führer aus dem Minotauruslabyrinth, Theseus, abgebildet, manchmal auch Christus als den neuen Theseus. Zuweilen hat man die Mitte offen gelassen, weil noch bewußt war, worum es in diesem Labyrinth ging.

Doch jetzt wieder zurück zum Ritual der eleusinischen Mysterien: Nachdem Demeter angerufen und gegenwärtig erschienen war, wurde ein gewaltiges Feuer entfacht. Wir erinnern uns an Demophoon, der durch das Feuer unsterblich gemacht werden sollte. Auch daran hat der Myste nun teil. Hinter diesem Versuch der Demeter, den Demophoon unsterblich zu machen, steht übrigens die früher weit verbreitete Sitte, Kinder mit einem heiligen Feuer gegen böse Geister zu feien: Man trug sie bei ihrer Geburt ums Feuer herum oder hielt ein heißes Eisen unter sie; teilweise steht auch das Ritual dahinter, die Knaben als stellvertretende Opfer für den heiligen König zu verbrennen, wodurch sie unsterblich wurden. Mitten im Kultraum wurde also ein Großfeuer entzündet, dessen Widerschein man außerhalb des Raumes weithin leuchten sah. Auch Uneingeweihte, Besucher aus fremden Völkern nahmen es wahr, und es nahm sie wunder, was dieses Zeichen wohl bedeuten mochte.

In großer Dunkelheit hingegen, bei gelöschten

Fackeln, fand die geheimnisvollste Handlung, die der Heiligen Hochzeit, statt. Es wird Stillschweigen darüber bewahrt, ob sie zwischen Priesterin und Priester, sichtbar oder unsichtbar, symbolisch oder real ausgeführt wurde. Über das Wie des Vorgangs schweigen sich die Zeitgenossen aus. Doch soviel ist gewiß: Auf einmal leuchtete in der Dunkelheit ein großes Licht auf, alle brachen in Jubel und in den Ruf aus: „Die Große Göttin hat ein heiliges Kind geboren, die Brimo den Brimos!" Brimo also hatte den Brimos geboren. Es gab plötzlich ein Kind, ein Sohn wurde begeistert begrüßt. Priester in Hirtenkleidung stürmten in den Raum, trugen das Kind herein, und alles umjubelte den kleinen neugeborenen Brimos. Hirten, Söhne des Königs Keleos, waren in einer erweiterten Fassung des Demeter-Mythos am Auffinden der Spuren Persephones bei Demeters Suche beteiligt: vor allem Eubuleus, der Schweinehirt, dessen Tiere – die der Demeter heiligen Schweine – gleichzeitig mit Persephone in die Unterwelt gerissen wurden, wobei Eubuleus den vorbeijagenden Hades mit Persephone erkannte.

Hier stellt sich natürlich die Frage, warum plötzlich eine Brimo und ein Brimos hier verehrt werden, ging es doch um den Kult der Demeter und Persephone! An dieser Stelle kommt, wie mir scheint, die ältere Fassung des Mythos ins Spiel: Brimo ist als einer der alten Namen der Demeter bekannt – er bedeutet übrigens „die Zornige"–, und unter diesem alten Namen kommt sie auch in einem frühen Mythologem von der Heiligen Hochzeit vor: Nachdem sie in einem reifen Kornfeld mit einem der Götter die Hochzeit vollzogen hatte, wurde ihr der Brimos geboren. Brimos trägt in einer Variante dieses Namens auch den Namen Pluto, ein andermal auch Jakchos. Der Name Jakchos war den hier Feiernden vielleicht noch vertrauter als Brimos: aus dem wilden Jakchos-Hymnus, der am sechsten Tag der Mysterien während einer Fackelprozession vor Demeters Tempel gesungen wurde.

Dabei waren alle diese Söhne, die sie verschiedenen Göttern gebar, deren unterschiedliche Namen vermutlich auf Regionaltraditionen, aus denen die Mythen stammen, zurückzuführen sind, im Grunde immer nur einer: der eine göttliche Sohn.

Nach der Begrüßung des Gottessohnes wurde wahrscheinlich ein weiterer Tanzritus vollzogen. Nun folgt im Ritual etwas sehr Geheimnisvolles: Nachdem um die Geburt des Brimos wahre Freudenstürme ausgebrochen waren, kommt wieder tiefe Stille in der Menge auf. Schweigend wird eine geschnittene Ähre gezeigt, es fällt kein erläuterndes Wort, nur diese Ähre steht im Raum, alle Blicke ruhen ergriffen auf ihr.

„Ein Bild und Beispiel des Entstehens in Sterben und Gebären", sagt Kerényi über diese Handlung, „das Persephoneschicksal, das der Sinn des Demeterschicksals ist." Am letzten Tag schließlich ging man hinaus ins Freie und rief, zum Himmel hinaufblickend: „Regne! (hüe!)" und, den Blick zur Erde gewandt: „Mache fruchtbar! (küe!)" Sodann spielten noch zwei große kreiselförmige, mit dem Wasser des schon genannten Brunnens gefüllte Gefäße eine Rolle. Das eine wurde nach Osten, das andere nach Westen gerichtet, zum Sonnenaufgang und zum Sonnenuntergang. Dann goß man diese Kannen über der Erde aus. Man glaubte zugleich, daß der ganze Kosmos bei diesem Ritual mitwirke. Von Euripides ist ein Chorlied überliefert, in dem er auf die Mysterien anspielt: Es sei die Nacht, in der die Mysten „die Quelle des Platzes der schönen Tänze" mit Fackeln umtanzen, „und es beginnt auch der gestirnte Himmel des Zeus zu tanzen, es tanzt der Mond und die fünfzig Töchter des Nereus, die Göttinnen des Meeres, der ewig verströmenden Flüsse; alle tanzen zu Ehren des goldbekränzten Mädchens und der heiligen Mutter".

So stellte man sich die eleusinischen Mysterien als kosmisches Ereignis vor. Die abschließende heilige Handlung, doch auch die ganze Handlung überhaupt nannte man „das Wiederfinden". Primär fanden natürlich Mutter und Tochter einander wieder, aber – hier kommen wir zur Deutung – was sich letztlich wiederfand, waren die Lebende und die Totgeglaubte, war das Leben aus dem Tod. Es ging hier um einen Weg in die Nacht hinein, mit Fasten, Durstleiden, mit dem Schleppen von Säcken, Kannen, Körben und damit der gesamten Mühsal des Lebens. Es ging darum, den Schmerz der Trennung von der geliebten Tochter zu ertragen, um einen Weg der Klage, der Sehnsucht und der Suche nach dem Geliebten, das man verloren hat. In der tiefsten Dunkelheit wird die verlorene Kore angerufen – meist wird sie als Kore angerufen, als „das Mädchen" schlechthin –, und viele spüren schon über diesem Ruf ihre Gegenwart. Dann erlebt man die Heilige Hochzeit mit und die aus ihr entspringende Geburt, die Geburt eines Sohnes, aus dem der neue Heros, der neue König selber werden wird. In gewisser Weise ist dieser Vorgang auch mit Weihnachten zu vergleichen: bis dahin, daß auch hier die Hirten auftreten, die das Kind begrüßen und verehren.

Es wird an dieser Stelle des Ritus zu ekstatischer Freude gekommen sein, es wird auch hier getanzt worden sein – bis dann die tiefe Stille um die Darbringung der Ähre herum eintritt. Es ist einhellig überliefert, daß beim Hochheben dieser Ähre nie ein Wort das Schweigen brach, als hätte jedes Wort das Geheimnis um die Ähre gestört. Doch wir dürfen uns fragen, was denn mit dieser Zeigehandlung ausgedrückt werden konnte. Auch die biblische Überlieferung weist auf das uralte Geheimnis des Kornes als eines Schlüssels zum Verständnis des Todes und der Auferstehung Christi hin: „Das Weizenkorn, wenn es nicht in die Erde fällt und stirbt, bleibt es allein, wenn es aber stirbt, bringt es viel Frucht." Das Gleichnis vom sterbenden und wiederauferstehenden Samenkorn ist eines der ältesten, das für die Wiederauferstehung aus dem Tode und für die aus dem Tode gewonnene Frucht gebraucht wird. Man geht im eleusinischen Ritual symbolisch unter die Erde, tritt gleichnishaft in den Hades ein. Dort findet sich das in die Erde gefallene Korn wieder und enthält als unterirdischer Winterkeim bereits die fruchtbare Ähre des kommenden Jahres. Auch Pluto spielt hier eine Rolle: Er ist einerseits der Gemahl von Demeters Tochter, ist Hades unter einem anderen Namen; andererseits ist er einer der Söhne der Demeter selbst, und er galt zugleich als ein Gott des Reichtums. In der Unterwelt wurden die Kornscheuern nie leer. Hierher fielen alle Körner der vergangenen Ernte. Im eleusinischen Ritus erlebte man mit, wie die Göttin im Totenreich fruchtbar wird und gebiert. Das ist das Geheimnis dieses Mythos und des Ritus um Demeter, daß neues Leben aus Dunkelheit und Tod entstehen kann.

Am Ende des Rituals kommt man dann zurück zu dem Element des Wassers, von dem man ausgegangen war, wenn es hier auch in einem neuen Sinn vorkommt. Begann der Ritus mit dem Ruf: „Mysten, ins Meer!", so folgt nun die große Anrufung des Himmels: „Regne!", und der Erde: „Mache fruchtbar!" Nach Sonnenaufgang und Sonnenuntergang hin, nach Leben und Tod, werden nun die Kannen mit dem Wasser geleert, die Erde wird getränkt und kann von nun an fruchtbar werden nach dem winterlichen Tod.

Wie schon gesagt, man mußte einmal, zweimal, ein Leben lang nach Eleusis wandern, um den Sinn des Mysteriums voll zu verstehen. Die Antike überliefert eine große Zahl von Zeugnissen dafür, daß Trost und Lebensimpulse von den eleusinischen Mysterien ausgingen. Die Menschen schätzten sich glücklich, wenn sie das Mysterium von Eleusis mitvollzogen hatten. Schon in dem Hymnus des Homer heißt es am Schluß, daß die Nichteingeweihten nicht dasselbe in der Dunkelheit des Todes erlangen würden wie die, die an dem Mysterium Anteil gewonnen haben. Die große Einsicht, der Durchblick war die Erfahrung Demeter-Persephones als der „Leben-aus-dem-Tode-Göttin".

Sophokles nennt dreimal glücklich diejenigen, die in Eleusis das Telos erreicht und geschaut hätten, für sie allein sei „Leben im Tode". Ähnlich spricht es auch Pindar aus: „Glücklich, wer, nachdem er solches schaute, unter die Erde ging. Er weiß um das Lebensende und weiß um den gegebenen Anfang." In diese Gleichnishandlung wurde man körperlich einbezogen, vom Fasten angefangen bis hin zu der Imagination der Göttin unter den Schwingungen des großen Gongs. Übrigens wurde dieser Gong nur einmal geschlagen: Es war, soviel wir wissen, nicht so, daß das Ritual durchgehend von Musik begleitet gewesen wäre, auch wenn wir gelegentlich von den jambischen Gesängen hören; sondern es war gerade dieser eine Ton, der in die Stille fiel und so das geheimnisvolle Erscheinen der Persephone bewirkte. Schließlich wurde das Kind in nahe Verbindung mit dem Feuer gebracht, das es unsterblich machen sollte: Dieses im Ritual der eleusinischen Mysterien geborene Kind ist wirklich ein unsterbliches, ein göttliches Kind; darum der Jubel der Hirten.

Es wurde übrigens auch ein Kind – jeweils nur eines – in diese Handlung einbezogen, das sogenannte „Kind vom Herde". Es wurde direkt vom Herde der Mutter weg erwählt und eingeweiht, um eine besondere Funktion in dem Ritual zu erfüllen: Es schritt wie ein kleiner Liturg allen anderen voran, führte die Handlung an. Es konnten sowohl ein Mädchen als auch ein Junge sein, die diese Funktion übernahmen, meistens stammten diese Kinder aus den vornehmsten Geschlechtern von Athen. Es läßt sich vermuten, daß sich in diesem Kind alle Beteiligten selbst wiedererkennen sollten, es stellte sozusagen stellvertretend den ganzen Kreis dieser Mysten um Demeter dar, das junge, das kommende Leben.

Nach meiner Überzeugung ist die Zeit reif dafür geworden, solche Gleichnishandlungen wieder neu zu verstehen. Lange Zeit galten Rituale als etwas, das dem Menschen der Moderne besonders fremd geworden sei, seinem Verständnis unwiederbringlich entglitten; viel wichtiger erschien demgegenüber, daß man Symbole, Riten und Mythen innerpsychisch zu verstehen lernte. Dabei haben wir in den letzten Jahren eine geistig-religiöse Situation und eine neue Generation, in der sowohl die christlichen Rituale eine Belebung erfahren als auch die Rituale älterer und anderer Religionen, bis hin zu den Naturreligionen. Sie faszinieren auf neue Weise, gerade weil man sie nun in ihrem symbolischen Gehalt verstehen lernt und sie dabei als symbolische Zeigehandlung neu entdeckt. Was es heißt, das Dargestellte leibhaft mitzuerleben, in Körpersprache mitzuvollziehen, wird wieder begriffen, auch weil wir den Sinn für Symbole und die Symbolik unserer Körpersprache überhaupt wieder entdeckt haben. Aus diesen Erfahrungen heraus entstehen in unserer Zeit auch neue Rituale, die zugleich dazu helfen, alte Rituale wieder zu begreifen. Von neuen Ritualen der Frauenbewegung habe ich schon berichtet. Ich denke dabei auch an einige gelungene Formen innerhalb der Friedensbewegung, zum Beispiel die Menschenkette, die, zur Verhinderung der Aufstellung von Raketenbasen gebildet, sich weit über Land um Stuttgart herum erstreckte und die allen, die dabei waren, als etwas Besonderes und Bewegendes erschien. Sie ist in der gleichen Form vielleicht nicht wiederholbar, aber sie gehört nun zu den Erfahrungen, die dazu anregen – gerade nachdem fast jeder von uns aus einer großen Vereinzelung kommt –, weitere Formen zu finden, in denen wir gemeinsam etwas ausdrücken können, was uns als einzelne übersteigt, so wie das ganze Volk Griechenlands sich im Demeter-Mythos und dem zugehörigen Ritual ausdrücken und zusammenfinden konnte.

Der Wachstumskreis des Kornes
Zeichnung von Renate Oppikofer zum Demeter-Mythos

Der Wachstumskreis des Kornes
Betrachtung eines Bildes

Im Zentrum dieses Bildes (das eine Kollegin, Renate Oppikofer, im Nachdenken über den Demeter-Mythos gestaltete) steht – wie im Ritual der eleusinischen Mysterien – der Wachstumskreislauf des Kornes: In ein sechsblättriges Kleeblatt sind die sechs Stadien des Wachstums eingezeichnet: die unterirdischen Stadien, in dunklem Erdbraun dargestellt, vom Samenkorm, das in der Erde liegt, über das erste Aufspringen und Wurzelschlagen bis zum Keimling, der, noch unter der Erde, auf das Durchstoßen der Kruste hindrängt. Die oberirdischen Stadien, in hellem Braun gehalten, zeigen den halbwüchsigen grünen Halm, der zum Höhepunkt des ganzen Zyklus, der reifen Ähre mit den goldgelben Körnern, heranwächst, bis diese schließlich sich neigt und die reifen Körner freigibt, losläßt und in die Erde fallen läßt, wo der Zyklus von neuem beginnt. Im Uhrzeigersinn bewegt sich der Wachstumsprozeß des Kornes durch das sechsblättrige Kleeblatt, in zwei Dreierrhythmen, als ergänzte sich die obere und die untere Erscheinungsweise der Göttin, Demeter und Persephone hier: als wären die Zeit oben am Sonnenlicht – über der reifen Ähre steht die Sonne – und die Zeit unter der Erde – der hier die drei Mondphasen zugeordnet sind – gleichermaßen fruchtbar.

Die drei Sonnenphasen – Aufgang, Mittagshöhe und Untergang – wie auch die Mondphasen – zunehmend, abnehmend und Vollmond – sind zudem in einen Sechsstern eingezeichnet. Der Sechsstern ist ein uraltes Zeichen für die Verbindung zwischen dem weiblichen und dem männlichen Prinzip: Sonnen- und Mondprinzip, Tag- und Nachtbewußtsein, Lebens- und Todeszone. Beide erscheinen im Demeter-Mythos, wie diese Frau ihn für sich gestaltet, und verbinden sich zuletzt. Dabei steht die Mittagssonne im männlichen Dreieck, das seine Energie nach der zentralen Spitze in die Höhe sendet; der Vollmond dagegen im weiblichen Dreieck, das seine Kräfte und Dynamik in der in die Tiefe weisenden Spitze sammelt und in die Erde leitet. Zwischen den jeweiligen Dreiecken dieses Zyklus von Mond und Sonne läßt die Malerin feuerfarbene Flammenbündel oder -blüten aufbrechen, feurige Energien, die das kreisende Rad des Kornwachstums, das Lebensrad, in Gang halten, seine ständige Bewegung und Wandlung anzeigen. Farblich kommt zum Gelb des Kornes und der Himmelskörper, zum Grün der Halme, zum Blau des Himmels nun auch das vitale Rot des Feuers. Alle vier Elemente, die das Wachstum tragen und vorantreiben, Feuer, Wasser, Luft und Erde, sind damit gemeinsam ins Bild gesetzt.

Zuletzt schließt die Malerin das gesamte Bild mit einem zart gezeichneten, nur angedeuteten Kreis zusammen, der den inneren roten Kreis und das sechsblättrige Kleeblatt, um Sonne und Mond erweitert, wiederholt. Mikrokosmos und Makrokosmos entsprechen sich hier. Renate Oppikofer ist ein Ganzheitsbild und das Gleichnis des Samenkorns, seines Sterbens und Wiederauferstehens, gelungen, das sich als Meditationsbild für alle eignet, die es eingehend betrachten: ein Mandala zum Demeter-Mythos. Nicht nur mit Tanz, spielerischer Darstellung und Ritus lassen sich neue Erfahrungen mit dem alten Mythos nachgestalten, sondern auch mit Pinsel und Farbe, durch bildnerische Mittel.

Literatur

Ausländer, Rose: Mein Atem heißt Jetzt, S. 56f.
Borneman, Ernest, Das Patriarchat, Frankfurt 1975
Downing, Christine: The Goddess, Mythological Images of the Feminine, New York 1981
Eliade, Mircea, Geschichte der religiösen Ideen, Bd. 1: Von der Steinzeit bis zu den Mysterien von Eleusis, Freiburg 1978
Göttner-Abendroth, Heide: Die Göttin und ihr Heros. Die matriarchalen Religionen in Mythos, Märchen, Dichtung, München 1980
Hunger, Herbert: Lexikon der griechischen und römischen Mythologie, Wien 1959, Hamburg 1974
Jung, Carl Gustav / Kerényi, Karl: Einführung in das Wesen der Mythologie. Das göttliche Kind / Das göttliche Mädchen, Zürich 1951
Kast, Verena: Trauern. Phasen und Chancen des psychischen Prozesses, Stuttgart 1981
Kast, Verena: Paare. Beziehungsphantasien oder Wie Götter sich in Menschen spiegeln, Stuttgart 1984
Kerényi, Karl: Die Mysterien von Eleusis, Zürich 1981
Kerényi, Karl: Die Mythologie der Griechen, 1. Bd., Zürich 1951, 1964
Lexikon der Antike (Der kleine Pauly), dtv, München 1979 (Auf der Grundlage von Pauly's Realencyclopädie der classischen Altertumswissenschaft, herausgegeben von Konrad Ziegler und Walther Sontheimer)
Mahler, Margaret S.: Symbiose und Individuation, Stuttgart 1972
Otto, Walter F.: Über den Sinn der eleusinischen Mysterien, in: Eranos-Jahrbuch 1939
von Ranke-Graves, Robert: Griechische Mythologie. Quellen und Deutung, 1955, Deutsche Neuausgabe Hamburg 1960, 1984 in einem Band
Sorge, Elga: Religion und Frau. Weibliche Spiritualität im Christentum, Stuttgart 1985 (Kohlhammer Taschenbücher 1038)
Walker, Barbara G.: The Women's Encyclopedia of Myths and Secrets, San Francisco 1983
Weiher A. (Hrsg.), Homerische Hymnen, München/Zürich, 5. Auflage, 1986

Urbilder der kristallinen Materie
Zum Foto auf dem Umschlag von Manfred P. Kage

Wissenschaftlich ausgedrückt, handelt es sich bei diesen Bildern um willkürlich gesteuerte Kristallisationen natürlicher und synthetischer Stoffe, die zwischen zwei Glasplatten durch Temperatureinfluß aus der Schmelze rekristallisiert oder durch Verdunstung des Lösungsmittels kristallisiert wurden. Diese Kristallpräparate werden in einem Kameramikroskop mit Hilfe von polarisiertem Licht und einem von Kage entwickelten Spezialkompensator, dem Polychromator, fotografiert.

Der Polychromator ist eine Art optischer Synthesizer oder besser ein „optisches Musikinstrument", mit dem Kaskaden von Klangfarben in einerseits gesetzmäßiger, andererseits beliebiger Folge von Farbklängen gestaltet werden können. So lassen sich beispielsweise von einem Gesteinsdünnschliff, einer hauchdünnen Schicht von kristallisiertem Schwefel oder von Sphäritgefügen des Triphenylmethans eine unerschöpfliche Fülle von permutierenden Farbvariationen erzeugen. Was steckt nun aber dahinter?

Die Aggregatzustände der festen Kristalle, der kristallinen und amorphen Flüssigkeiten sowie der gasförmigen Stoffe entsprechen den Tamas, Rayas und Satvas der indischen Sankhja-Philosophie, welche die statischen Niveaus der Verwandlungen und Seinszustände bezeichnen. Die europäische Analogie dazu wären Physis, Bios, Psyche und Pneuma, denen auf der materiellen Seite die Zustände fest, kristallin-flüssig (mesomorph), flüssig und gasförmig entsprechen.

Wer sich mit der Entstehung der Planeten beschäftigt, kennt die immense Bedeutung der Kristallisations- und Erstarrungsvorgänge in der Planetenoberfläche, die Gesteins- und Gebirgsschichten hervorbringen. Die Kristallbildung ist das Urmodell der Festkörperanteile aller Lebewesen; Kristallgitter finden sich in der Zellulose und damit im Holz, in den Kieselskeletten der Radolarien und Diatomeen, in den Schalen und Panzern der Korallen, Muscheln und Seeigel sowie in den Kalkgefügen des Knochenbaus der Säugetiere.

Durch chemische oder alchimistische Verwandlungen des Stoffes lassen sich neue Kristallformen erzeugen; künstlerische Empfindung und der unerschöpfliche Formenreichtum der Natur treten miteinander in Kommunikation.

Ein optisches Kaleidoskop mit zwei Präzisionsspiegeln ermöglicht zusätzlich die Symmetrierung der kristallinen Bildwerke zu Mandalas, den Urbildern der Seele. Die suggestive Zentrierung, die das Auge zur Mitte lenkt, eröffnet einen Blick in den imaginären, mythischen Raum, in welchem die Strukturen der Materie und der Psyche nicht voneinander zu unterscheiden sind.

Ingrid Riedel · Formen
Kreis, Kreuz, Dreieck, Quadrat, Spirale
147 Seiten mit vier Farbtafeln, kartoniert

Kreis, Kreuz, Dreieck, Quadrat und Spirale sind die Grundformen des Lebens; in ihnen spiegeln sich Lebensweisen und Lebensstile. Ingrid Riedel macht die Bedeutung und die Einfühlung in das, was diese fünf Grundformen über das Verhältnis des Menschen zu sich selbst und zur Welt sagen, anschaulich.

Ingrid Riedel · Farben
In Religion, Gesellschaft, Kunst und Psychotherapie
190 Seiten mit acht Farbtafeln, kartoniert

„Wenn Sie dieses Buch gelesen haben, werden Sie nicht mehr irgend etwas Buntes ansehen – ohne daß Ihnen sofort einfällt, warum Sie das eine schön und das andere häßlich finden. Ein in der Tat aufschlußreiches Buch." Stuttgarter Bücherbrief

Ingrid Riedel · Hans mein Igel
Wie ein abgelehntes Kind sein Glück findet
121 Seiten, gebunden

Ingrid Riedel zeigt anhand des Grimmschen Märchens, daß selbst eine schwere Kindheit es nicht unmöglich macht, seinen Weg zu finden.

Kreuz Verlag

„Die Darstellung und Deutung einzelner Mythen durch verschiedene Autoren ermöglicht den Zugang zu einem in jedem Menschen vorhandenen Fundament der Lebenskraft. Mythen sind faszinierend und ergreifend. Ihnen zu begegnen ist dem Erleben vergleichbar, in dem sich die Bedeutung eines großen Traumes zum ersten Mal erschließt. Mythen spiegeln unser Leben und vermitteln die Gewißheit, daß es sinnvoll gelebt werden kann." Theodor Seifert

Neben dem vorliegenden Band sind erschienen:

Theodor Seifert · Weltentstehung
Die Kraft von tausend Feuern

Angela Waiblinger
Große Mutter und göttliches Kind
Das Wunder in Wiege und Seele

Verena Kast · Sisyphos
Der alte Stein – der neue Weg

In Vorbereitung sind die folgenden Bände:

Lutz Müller · Der Held
Vom Vertrauen zu sich und zum Leben

Rosmarie Bog · Die Hexe
Schön wie der Mond – häßlich wie die Nacht

Helmut Remmler · Das Rätsel der Sphinx
Mit dem Unheimlichen vertraut werden

Hans Jellouschek · Semele, Zeus und Hera
Die Rolle der Geliebten in der Dreiecksbeziehung

Kreuz Verlag